黄河几字弯的韵脉
HUANGHEJIZIWAN DE YUNMAI

乡音

黄河几字弯

田宏利 编著

内蒙古人民出版社

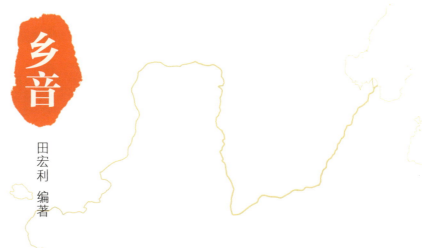

图书在版编目（CIP）数据

黄河几字弯.乡音/田宏利编著.--
呼和浩特：内蒙古人民出版社,2025.1
（"黄河几字弯"的韵味）
ISBN978-7-204-16818-7

Ⅰ.①黄… Ⅱ.①田… Ⅲ.①黄
河流域－区域文化－研究－内蒙古②
黄河流域－西北方言－研究－内蒙古
Ⅳ.①G127.6②H172.2

中国版本图书馆CIP数据核字(2021)
第170422号

黄河几字弯 · 乡音

编　　著	田宏利
策划编辑	王　静
责任编辑	董丽娟　贾大明
封面设计	安立新
出版发行	内蒙古人民出版社
地　　址	呼和浩特市新城区中山东路8号波士名人国际B座5楼
网　　址	http://www.impph.cn
印　　刷	内蒙古金艺佳印刷包装有限公司
开　　本	710mm×1000mm　1/16
印　　张	13.75
字　　数	155千
版　　次	2025年1月第1版
印　　次	2025年1月第1次印刷
书　　号	ISBN 978-7-204-16818-7
定　　价	68.00元

如发现印装质量问题，请与我社联系。
联系电话：（0471）3946120

明代《九边图》（黄河"几字弯"部分）

丛书编委会

主　　编：黄　滔
执行主编：王　静
副 主 编：钱　萍
顾　　问：王海荣　康建国
委　　员：翟　禹　李治国
　　　　　樊志强　杨国华
　　　　　王子涵　陶丽君
　　　　　萨其拉　宝勒道
　　　　　李　欢　谢　琼
　　　　　邢媛媛
摄　　影：李永军　袁双进
　　　　　张　琦　田宏利
　　　　　老　广　田利青
　　　　　任卫云　梁生荣
　　　　　张振北　田　原
　　　　　吕永青　孔　群
　　　　　赵·毕力格

巴彦淖尔市

包头市　呼和浩特市

乌兰察布市

乌海市

阿拉善盟

鄂尔多斯市

序　言

　　黄河发源于青藏高原巴颜喀拉山北麓的约古宗列盆地，自西向东流经青海、四川、甘肃、宁夏、内蒙古、陕西、山西、河南、山东9个省区，注入渤海。黄河流经内蒙古时，勾勒出壮美的"几字弯"。

　　黄河内蒙古段全长843.5公里，流域覆盖7个盟市。黄河赋予内蒙古丰富的自然资源、坚实的经济基础和厚重的历史文化。

　　河套平原是黄河"几字弯"上的一片扇形冲积平原，河套灌区是河套平原上的引黄河水灌溉的自流灌溉区，其北靠阴山，南临黄河，西至乌兰布和沙漠，东至包头，地形平坦，土壤肥沃，是重要的粮食生产基地，有"塞上谷仓"之美誉。河套灌区开发历史悠久，早在秦汉时期就已挖掘渠道。到了唐贞观年间，河套地区已经建成大型灌溉渠道。清朝中叶以后，河套灌区得到进一步发展，至清末已建成八大干渠。民国时期，灌区进一步向东延伸至乌拉山前的三湖河地区。20世纪50年代以来，修建了三盛公水利枢纽、黄河防洪大堤等，开展了农田基本建设，营造了防护林，扩大了灌溉面积。2019年9月4日，内蒙古河套灌区因其独特的历史价值和工程成就，被正式列入世界灌溉工程遗产名录。

　　2021年10月，中共中央、国务院印发《黄河流域生态保护和高质量发展规划纲要》（以下简称《规划纲要》），对当前和今后一个时期黄河流域生态保护和高质量发展提出纲领性指导意见。《规划纲要》将内蒙古高原南缘列入"荒漠化防治区"，将乌梁素海列入"重点河湖水污染防治区"，要求系统开展生态治理和保护。提出构建黄河流域"一轴两区五极"发展动力格局。其中，"一轴"是指依托新亚欧大陆桥国际大通道，串联上中下游和新型城市群，以先进制造业为主导，以创新为主要动能的现代化经济廊道，是黄河流域参与全国及国际经济分工的主体，内蒙古在其中扮演重要角色。"两区"是指以黄淮海平原、汾渭平原、河套平原为主要载体的粮食主产区和以山西、鄂尔多斯盆地为主的能源富集区，内蒙古的河套平原和鄂尔多斯盆地位列其中。"五极"是指山东半岛城市群、中原城市群、关中平原城市群、黄河"几字弯"都市圈和兰州－西宁城市群等，是区域经济发展增长极和黄河流域人口、生产力布局的主要载体，其中的黄河"几字弯"都市圈将为内蒙古高质量发展提供更多机遇。

　　内蒙古黄河流域是农耕文化与游牧文化交汇相融的过渡地带、多民族聚居区，有着深厚的历史文化底蕴。内蒙古黄河流域各盟市拥有众多与黄河文化密切相关的考古遗址和重要文物，它们是中华文明发展演变历程中不可或缺的一部分。旧石器时代的大窑遗址、萨拉乌苏遗址，新石器时代至青铜时代的海生不浪遗址、白泥窑子遗址等一系列史前文化遗存，云中郡故城、蒲滩拐故城、十二连城城址、河滨县故城、东胜卫故城等诸多古城遗址，遍布内蒙古黄河流域。明清以来，内蒙古黄河流域逐渐成为交通枢纽和商贸产品集散地，"走西口"的传奇故事在这里流传，万里茶道和草原丝绸之路在这里交汇，包头、丰镇、归化（今呼和浩特旧城）、托克托等一批城镇兴盛发展起来。

内蒙古黄河流域的非物质文化遗产也非常丰富，是中华民族文化多样性的生动见证。蒙古族长调、呼麦、二人台和漫瀚调等传统艺术形式以及民间故事、民间信仰、祭祀活动和手工艺术等民俗文化的传承发展体现出中华文明兼收并蓄的开放胸怀与和而不同的包容精神。莜面、炸糕、腌菜等食品从山西传入内蒙古中西部地区后，深受当地人民喜爱。烧卖、羊杂等地方美食也是多民族饮食习俗与地方物产相结合的生动体现。

　　近代以来，内蒙古黄河流域各族人民在中国共产党的团结带领下，开展了艰苦卓绝的革命斗争，推翻了帝国主义和封建主义两座大山，留下了无数可歌可泣的英雄事迹和丰富厚重的革命遗存。例如，席尼喇嘛领导的"独贵龙"运动是坚持正义和追求进步的典范，大青山抗日游击队的英勇事迹体现了中华民族自强不息、抵御外侮的坚强意志。如今，这些优秀的红色文化遗存已成为我们传承爱国主义精神、开展爱国主义教育的宝贵财富和重要资源。中华人民共和国成立以来，内蒙古黄河流域在革命、建设、改革进程中锤炼出"总干"精神、治沙精神等多种精神文化，这些精神文化昭示着时代精神，展现着社会新风尚。

　　党的十八大以来，内蒙古深入落实习近平总书记关于黄河流域生态保护和高质量发展的重要论述精神，充分发挥"几字弯"的区位优势、资源优势、文化优势，大力推动自然资源和文化资源相结合，实施黄河文化遗产系统保护工程，加强黄河文化遗产数字化保护与传承弘扬，把黄河打造成为充满魅力的文化长河。

为了深入挖掘黄河文化的时代内涵，讲好"黄河故事"，内蒙古人民出版社精心策划并推出了"'黄河几字弯'的韵味"丛书。丛书以内蒙古沿黄7个盟市的自然人文景观以及历史文化、民俗文化、红色文化等资源为内容，结合历史文献、影像资料、田野调查、口述资料，描绘了不同历史时期内蒙古黄河流域的发展面貌，展现了黄河文化在内蒙古地区的独特魅力和这一地区深厚的历史文化底蕴。

　　丛书既有对历史的追溯，也有对当下的深思，读者可以通过书中的文字和图片，领略黄河"几字弯"的壮丽风景，聆听内蒙古的"黄河故事"，感受内蒙古的黄河文化。

配套音频
本书朗读音频
在线聆听有声书

高清插图
精美高清大图
领略壮美景观

微信扫码
感受黄河"几字弯"的
乡音乡韵

纪录片单
感受黄河"几字弯"
地域风情与独特魅力

读书笔记
在线记录阅读心得
生成个人专属笔记

目　录

胡笳一曲诉衷肠 …………………………… 1

敕勒川上壮歌飞 …………………………… 9

西部方言寄乡愁 …………………………… 15

乡音土语话青城 …………………………… 23

方言拼盘妙趣生 …………………………… 33

后套方言"土味儿"浓 …………………… 39

"圪旦""圐圙"说地名 ………………… 47

武川唱响个爬山调 ………………………… 55

西口走出个二人台 ………………………… 67

民间说唱数呱嘴 …………………………… 75

经典民歌《走西口》 ……………………… 83

百年晋剧解乡愁 …………………………… 91

蒙汉同创漫瀚调 …………………………… 97

准旗"漫瀚"入非遗 …………………… 107

苍茫高原处处歌 ………………………… 117

短调民歌舞新意 ………………………… 127

"古如"长风拂面来 …………………… 135

民歌经典秀天音 ………………………… 143

民歌声声乡音浓 ………………………… 151

鸿雁声声"天边恋" …………………… 159

"呔咕呔咕"劝奶歌 …………………… 169

托布秀尔与萨吾尔登 …………………… 177

长调民歌震寰宇 ………………………… 185

乡音萦回游子心 ………………………… 195

后　记 …………………………………… 205

《文姬归汉图》

胡笳一曲诉衷肠

《文姬归汉图》（一）

胡笳，一种边棱气鸣乐器，形似笛子，民间又称潮尔、冒顿潮尔。胡笳可用于独奏、器乐合奏或乐队伴奏，西汉时已广泛流行于塞北和西域地区。

《胡笳十八拍》是一首古琴名曲，据传为蔡文姬所作，是我国古代十大名曲之一。

蔡文姬，一位极具传奇色彩的悲情才女，在历史上影响颇为深远，与李清照、上官婉儿、卓文君并称我国古代四大才女。

蔡文姬是东汉大文学家、大书法家蔡邕的

胡笳

女儿。蔡邕精辞章、通经史、晓天文、善音律，书法造诣颇高，其书"骨气洞达，爽爽如有神力"。蔡邕为官期间，因直言敢谏，得罪了一些有权势的人，被诬陷入狱。好在朝中大臣一再替他求情，汉灵帝起了恻隐之心，才下令免他死罪，命其与家属一同流放朔方郡。蔡邕一声长叹，无可奈何地踏上了流放之路。灵帝爱怜蔡邕才高，在大赦之时赦免了他，准许他返回原籍。岂料，启程之时，他又因得罪五原太守而被诬陷，于是远走吴会之地。

《文姬归汉图》（二）

《文姬归汉图》（三）

　　东汉朝廷的腐败，终于酿成了恶果。走投无路的贫苦农民在巨鹿人张角的带领下，揭竿而起。他们头扎黄巾，高喊"苍天已死，黄天当立，岁在甲子，天下大吉"的口号，向官僚地主发动了猛烈攻击。起义虽以失败告终，但东汉王朝名存实亡的局面已形成，豪强地主为代表的地方势力迅速崛起。董卓把持朝政后，听闻蔡邕名气甚高，刻意笼络不成，又威逼胁迫，蔡邕于是三日周历三台，后来还被封为高阳乡侯。董卓被杀后，蔡邕因"失言"被治罪，朝中士大夫虽多方施援，但终不免一死。

蔡文姬本就天资过人，加上父亲蔡邕的影响，既博学能文，又擅作诗赋，兼长辩论与音律。

　　相传，蔡文姬幼时就能辨别琴声。史书有载："邕夜鼓琴，弦绝。琰曰：'第二弦。'邕曰：'偶得之耳。'故断一弦问之，琰曰：'第四弦。'并不差谬。"

　　蔡文姬的文学素养更是令人赞叹不已。十几岁时，文学才华光耀一方，诗书礼乐无一不通，洛阳城中甚至流传着这样的佳话："世人但知有文姬，而后方知有蔡邕。"

　　蔡文姬在艺术方面的修养让她在面对后来人生的每一次变故时都能更加从容淡定。

《文姬归汉图》（四）

《文姬归汉图》（五）

　　蔡文姬的第一任丈夫是卫仲道，可二人结婚没多长时间，卫仲道就去世了。蔡文姬不曾生下一儿半女，所以卫仲道死后，她便回了娘家。

　　董卓被诛后，东汉王朝陷入军阀混战的局面之中。在"平土人脆弱，来兵皆胡羌。猎野围城邑，所向悉破亡"的状况下，蔡文姬被掳到南匈奴。这一去就是十二年。

　　到了南匈奴驻地，才貌出众的蔡文姬被虎背熊腰的左贤王选作王妃。

　　十二年里，被迫与匈奴人结为夫妻的蔡文姬，随俗吃生肉、喝酪浆，也学了一些匈奴的语言。每到夜晚，她就吹起胡笳，在熟悉的音乐旋律里，寄托对故乡的思念："我非食生而恶死，不能捐身兮心有以。生仍冀得兮归桑梓，死当埋骨兮长已矣。"她鼓励自己苟且偷安地活下去，为着有一天能回到故土。

　　曹操素来与蔡邕友善，也知道他有续修汉史的志向，无奈斯人已去。惋惜之余，曹操突然忆起蔡文姬，于是，派使者携带千两黄金、白璧一双，去匈奴赎回蔡文姬。

当蔡文姬告别一双儿女，踏上回归故土的征途时，十二年塞外生活的点点滴滴涌上心头。泪流不止、柔肠寸断的蔡文姬放开喉咙，向苍穹大地倾吐自己无边的悲苦："我生之初尚无为，我生之后汉祚衰。天不仁兮降乱离，地不仁兮使我逢此时。干戈日寻兮道路危，民卒流亡兮共哀悲。烟尘蔽野兮胡虏盛，志意乖兮节义亏。对殊俗兮非我宜，遭忍辱兮当告谁？笳一会兮琴一拍，心愤怨兮无人知……"

就这样，这位命运多舛的旷世才女，在古道烟尘中诉说着自己的遭遇……

也正是这首动人心魄的《胡笳十八拍》为这位悲苦半生的女性赢得了显赫的声誉。

蔡文姬从南匈奴归来后，有一天，曹操问她："听说夫人家原有不少书籍文稿，现在还有吗？"文姬回答："父亲生前留给我四千多卷书，但皆因战乱流离失所。现在我能背出的只有四百余篇。"曹操听了大悦，立即命人为她备好纸笔，请她追忆。

我们应该感谢曹操，是曹操做了一件好事，让"文姬归汉"传为千年美谈，让一个有着旷世逸才的奇女子揭开心灵的伤疤，唱悲欢，道离合，让《胡笳十八拍》《悲愤诗》等佳作一直在中华大地传颂。

这是蔡文姬的魅力，也是后人的幸运。

敕勒歌

CHILE POETRY

《敕勒歌》是中国南北朝时期由鲜卑语译成汉语的一首民歌。诗中描绘的就是服前阴山脚下富饶壮丽、辽阔的"敕勒川"草原风光。有色彩、有动有静、有诗有画。成为中华民族传颂千古的生句，也是描写草原风光的千古绝唱。

《敕勒歌》石刻

敕勒川上壮歌飞

每一位置身敕勒川草原的游客，应该都会记起那首流誉千古的《敕勒歌》吧。

敕勒川，阴山下，

天似穹庐，笼盖四野。

天苍苍，野茫茫，

风吹草低见牛羊。

敕勒人在不同的历史时期有不同的称呼。汉代被称为"丁零"或"丁灵"。到了南北朝时期，被鲜卑人和柔然人称为"敕勒"；又因使用车轮高大的车子，被称为"高车"。据史料记载，敕勒人早期在贝加尔湖一带生活，后迁徙至漠南地区，所以人们把这一带称为"敕勒川"。

敕勒川北依阴山，南临黄河，既适宜发展农业，又可以发展畜牧业。虽然这是一片陌生的土地，但对逐水草而居的游牧民族而言，这里就是他们的家乡。因此，敕勒人选择留在这里，把自己的岁岁年年融入这绿草如茵的土地和无边的苍穹。

公元 5 世纪中期，漠南敕勒五部合众祭天，盛况空前。敕勒人乘着高车，唱着优美的牧歌，行进在草原上。

《敕勒歌》大约就诞生于这一时期。

最早将《敕勒歌》记录下来的，是北宋时期郭茂倩收集

敕勒川国家草原自然公园

整理的《乐府诗集》。据说，一个叫斛律金的敕勒人，在一场大战之后，昂首为沮丧的将士们唱了一首《敕勒歌》。这首歌不仅让将士们士气大振，还让历史记下了一个民族，也让阴山脚下有了"敕勒川"这样一个名字。

斛律金生活在群雄争霸、社会大动荡的南北朝时期。北魏永熙三年（534年），从北魏政权中分裂出东魏政权，后又分裂出西魏政权。东魏武定四年（546年），高欢集中东

敕勒川草原雪景

魏的精锐之师讨伐西魏。在围攻玉壁时，东魏大军起土山、掘地道，苦攻五十天，昼夜不息，但在西魏大将韦孝宽的固守下，终未克。高欢因此忧愤成疾。

为了稳定军心，振奋士气，高欢带病强自设宴，并授意军中老将斛律金为将士们唱一首歌——《敕勒歌》。高亢动人的歌声，震撼了将士们的心，把他们带回了"天似穹庐，笼盖四野"的大草原，带回了阴山下那"天苍苍，野茫茫，风吹草低见牛羊"的故乡。将士们眼含热泪，群情激奋，士气高昂。雄浑的歌声拂去了将士们颓靡的神色，也荡去了主帅高欢心头的愁绪。

2017年，《人民日报》评出了中国历史上创作水平最高的四十首诗词，《敕勒歌》位列其中——全诗具有北朝民歌所特有的明朗豪迈的风格，境界开阔，艺术感染力极强。

内蒙古博物院

西部方言寄乡愁

无论你离家多远，无论你身处何地，一旦耳边有熟悉的乡音响起，瞬间，你就会感觉有一股无比亲切的气息扑面而来，那些藏在你心底里关于故乡的记忆，就会在那一刻浮现在你

内蒙古电视台旧址

呼和浩特市大召广场牌楼

眼前，就像你最为熟悉的那道家乡菜，勾起你浓浓的乡愁。

　　一种语言的演变不仅有其自身独特的规律，也会受到周边地区语言的影响。内蒙古西部方言以晋语为基础，同时又融合吸收了蒙古语、满语等少数民族语言的一些词汇，所以有人将内蒙古西部方言称为"内蒙古晋语"。内蒙古西部方言通行的地区大致包括呼和浩特市、包头市、鄂尔多斯市、巴彦淖尔市、乌兰察布市、乌海市和锡林郭勒盟西部地区。

　　所谓"十里不同音"，如果按地域划分，内蒙古西部方言大致可细分为以下几种：后套话——通行于巴彦淖尔市一带的方言，即狭义的河套话。梁外话——鄂尔多斯市多沙漠化的丘陵地貌，即"圪梁梁"比较多，所以被人称作"梁外"，那里人说的方言也因此被称作"梁外话"。后山话——阴山以北的固阳县、达尔罕茂明安联合旗、武川县、四子王旗、商都县、化德县等地使用的方言。河滩话——沿黄地区使用的方言，主要通行于萨拉齐县、托克托县、达拉特旗、杭锦旗等地。

20世纪80年代的呼和浩特市火车站

东路话——包头市、巴彦淖尔市、鄂尔多斯市人对乌兰察布市、呼和浩特市、锡林郭勒盟西部地区人所说方言的称谓。

由于现代移民的缘故，呼和浩特与乌海的市区以及包头的青山区、昆都仑区有相当大一部分人是说"普通话"的，但是这种"普通话"并不是我国推行的标准的普通话，而是一种杂糅了地域方言的"普通话"。

长期以来，汉族、蒙古族和其他少数民族在内蒙古黄河沿岸杂居共存，往来频繁，各民族语言相互渗透、相互交融，形成独特的语言环境。

20世纪80年代的呼和浩特市大召前街

红红火火年味浓

内蒙古西部方言中保留了很多少数民族语言词汇。例如：在内蒙古西部方言里，说"跑"时常用"逛"这个词，"这个人逛得没影儿了"，其实就是说"这个人跑得没影儿了"。"逛"是蒙古语"贵和"的音译词，蒙古语"贵和"的意思就是"跑"。再比如，说一个人是种地的能手，当地方言常这样说："这个人是种地的好把式。""把式"是蒙古语的音译词，也译为"巴克希"，汉语意为"老师"，后被当地方言引用来称赞能工巧匠。

一方水土养一方人。这些亲切的方言土语反映了祖辈们的朴实情怀，就像蒙晋沿黄两岸的二米饭那样适口，就像回荡在阴山脚下、土默川上、黄河岸边的爬山调一样亲切。

随着岁月的变迁，当乡音让你感觉越来越亲切的时候，你才会知道，无论走多远，那些潜藏在心底里的简单幸福就蕴藏在那尘封你快乐童年的乡土里，那些记忆中有声有色的情感就寄寓在你从未忘却的乡音里。

夕阳下的大黑河

乡音土语话青城

内蒙古自治区首府呼和浩特市（简称呼市）及周边地区人所说方言，与晋北地区的方言极为相似，只是在音调和词汇上存在一些区别。

呼市的方言很复杂，其形成与当年晋商的活动有关。清时，归化城已成为蒙古地区重要的政治、经济、军事及宗教活动的中心，这对发展受限的山西人来说，吸引力很大，所以一

批又一批旅蒙商人来到这里寻求商机。频繁的贸易活动不仅带动了蒙古地区的发展，而且推动了语言的融合。语言融合并不是指产生"混合语"，而是指其中的一种语言排挤代替了其他语言，即其中某一种语言成为"胜利者"，保留了自己的语法和基本词汇，并且按自身发展的内在规律继续发展，而其他语言通常只在"胜利"的语言中留下一些痕迹。如今，

秋日里的呼和浩特

漠南第一府——绥远城将军衙署

　　大量山西、陕西的移民后代生活在呼市的旧城，他们普遍说着带有山西口音的方言，并称其为"此地话"。这即是语言融合的有力印证。

　　除了受晋、陕方言影响外，蒙古语、满语等少数民族语言对"呼市话"的形成也起到举足轻重的作用。蒙古族进入中原后，汉语借用蒙古语的现象非常普遍。如，形容一个人性格直来直去时，常说"这个人是个直忽筒"，"忽筒"是蒙古语，意为"井"。呼市人还称"盗贼"为"贼忽拉"，"贼"是汉语，"忽拉"出自蒙古语"忽拉盖"，本意为"贼"。这些词至今仍在呼市旧城以及周边旗县使用。

居住在呼市过去的新城（绥远城）的人几乎都讲"新城话"。这个城区过去主要聚居着绥远将军管辖下的八旗子弟，这些人有的来自北京、河北，有的来自东北，也有来自山西大同府驻军的，他们与晋籍移民接触较多，久而久之便形成了独特的"新城话"——带有晋语味道的北京话和东北话杂糅而成的汉语方言。

20世纪80年代呼和浩特市旧城五塔寺后街

托克托县"寿阳鼓韵"雕像

"新城话"中比较有意思的是"爷"这个词。"爷"在满语中不是祖父的意思，而是对男子的尊称。当时绥远城里的八旗子弟们凭着祖上的财富积累，吃穿不愁，奢靡无度。他们玩鸟架鹰，自称为"爷"，以彰显自己的贵族身份。

呼市回民区人说的方言被称作"回民话"。说起呼市"回民话"，依然绕不开"走西口"。山西、陕西、甘肃、宁夏等地的穆斯林群众随着"走西口"移民队伍迁徙到今呼市回民区一带，形成了生活圈子。在这里，多种方言交杂融合，渐渐地形成了"回民话"。"回民话"较为特别，比如，他们把琢磨、醒悟说成"定顿"，称死亡为"无常"，说清算是"交割"。

中华人民共和国成立后，随着全国各地支援边疆的干部和知识青年的迁入，呼市的人口结构有了极大的改变，新城区的外地人甚至比本地人还要多，他们基本上都说普通话，但也保留了晋语的一些词汇，比如，说"我"时就称"俄"。

如果你初到呼市，独特而亲切的"呼市味儿"方言一定会给你留下深刻印象。

社火表演闹元宵

鹿城腾飞

方言拼盘妙趣生

包头话，特指流行于包头东河区、九原区、石拐区、土默特右旗、固阳县、达尔罕茂明安联合旗等地的方言，并不是包头全境使用的方言。

包头地区在明末清初时期还是蒙古族人的游牧地，只有极少数的汉族人。到了清末民初，大量晋陕移民涌入，形成城镇和村落之后，包头地区才出现了频繁的语言交流和融合。

可以说，"走西口"使包头话打上了山西方言的烙印。这些通过"走西口"进入包头的山西移民，有从事垦殖的农民，也有做买卖的商人，他们的到来，不仅极大地促进包头地区农业的发展和商业的繁荣，而且为包头话的最终形成创造了必不可少的条件。

20世纪40年代包头街景（一）

20世纪40年代包头街景（二）

　　可以想见，那时的包头，人稠物穰，各说各话，一派山西各地方言大荟萃的景象。

　　为了满足贸易和交际的需要，渐渐地，人们自觉不自觉地舍弃了自己方言中那些过于狭隘的部分，保留了通俗与大众化的部分，经过长时期的交融、磨合，最终形成一种为大家普遍接受的方言，它不是山西方言其中之一，而是山西各地方言的集合体。

　　关于包头话的这一特点，旧时的地方史志也有记载："包头市五方杂处，语言极不统一，除蒙人用蒙语外，汉人亦有熟悉蒙语者。至于汉话则方言不同，四乡居民，由河曲移来者最多，故河曲话为最普通。奎（至）于市城则忻县、定襄、祁县口音为多，又杂以太谷、府谷语言，统谓之山西话。"

虽然包头市区存在多种方言并存的实际情况，但包头话通常指的还是以山西方言为母体脱胎发展而成的晋语－包头方言。在语音方面，包头话保留了入声（其声短促，一发即收，是古汉语的四声之一）；沿用了古代的分音词（把单字词的音节分为声母和韵母两个部分，并各自扩充为一个独立的音节），如称"秆"为"圪榄"，称"棒"为"卜浪"等。在词汇方面，保留了许多古白话词语，如《水浒传》里常见的"做甚"就是现今包头话的常用词，表示"干什么"；再如，称"喊"为"吼"，称"满"为"溢"；等等。

包头市的青山区和昆都仑区都是中华人民共和国成立后新建的，这两个城区的居民大多是外地移民：青山区的居民以京津冀地区移民为主，普遍讲普通话；昆都仑区有著名的包钢集团，包钢建设初期，职工大多来自东北地区，所以这里的人流行说东北话。

　　包头市区这种特殊的人口构成，使包头话和普通话、东北话并存且互相影响。其中，青山区的普通话和昆都仑区的东北话相互融合；而旧城的包头话也在向普通话"靠拢"，但由于两者之间音系差别较大，"靠拢"余地有限。

包头欢迎你

巴彦淖尔市临河区黄河干渠一景

后套方言 "土味儿" 浓

　　黄土地是后套话的根基，黄河水是后套话的血脉，西北风是后套话的神韵……

　　后套平原为河套平原的西部。在这东西绵延170多公里的广阔平原上，人们说着几乎一致的方言。俗话说的"五里不同音，十里不同俗"在后套平原是个例外，就连住在黄河南岸鄂尔多斯地区的人也说着类似的方言。

　　清代，后套地区是蒙古部落的游牧地。当时，王公贵族和官府大肆圈地，侵夺土地，加之灾害频发，晋陕等地失去土地的流民在清政府的"默许"下大量涌入河套地区，垦荒种地。因此，一定意义上讲，后套属于移民地区，其移民主要来自晋陕北部。

旧时走西口到河套地区的铁匠

黄河引流灌溉，为人们创造了安身立命的条件，吸引着更多的民众持续数十年向其迁徙。如此年复一年，渐渐形成了一条自东南向西北，由晋、陕到包、鄂，再到后套的移民走廊。与晋陕移民一同移居后套地区的还有那里的方言，再加上其他地区移民语言的影响，最终形成了我们今天听到的后套话。

　　没在后套生活过，就难以理解后套话的美妙；不走进后套人的心里，就难以体会后套话的特色。

　　后套话，乡土气息浓厚，特别是在乡村，有着更为"土气"的原始味道。比较而言，后套话的音调与普通话更接近一些。后套话"直来直去"，更干脆，不像呼和浩特、集宁、大同

旧时走西口到河套地区的修鞋匠

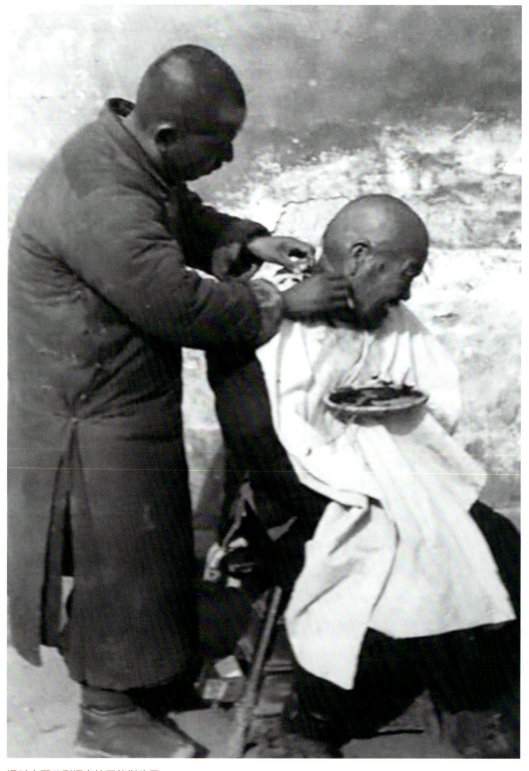

旧时走西口到河套地区的剃头匠

等地的人说话"拖泥带水"，尾音过长。

后缀"儿"字的儿化音，是后套话的一大特色。例如："个儿"，指自己，"中午你个儿吃饭吧""明天我个儿去游泳""他个儿还不知道呢"；"哈儿"，指里面，"家哈儿今天挺暖和""院哈儿停着四轮车""柜哈儿放着新衣裳""锅哈儿炖着羊肉""盆哈儿放着馒头""碗哈儿有块豆腐"。再比如，"这这儿"指的是这里，"那那儿"说的是那里，"长长儿"的拉面，"小小儿"的时候，"大大儿"的馒头，衣裳"花花儿"的，杨树"齐齐儿"的，地面"平平儿"的……

还有以"子"（读轻声）为后缀的词。如，小麦叫麦子，石碾叫碾子，石磙叫磙子，窗帘叫窗帘子，床单叫床单子，盖帘叫拍子，没框的笼屉叫浸拍子；男孩叫小子，女孩叫女子，丈夫的兄弟分别称大伯子、小叔子，妻子的姐妹分别称大姨子、小姨子；火炕有炕板子和炕棱子，火炉子里有炉盘子，炕上铺着席子、毡子和毯子；解馋饭有猪肉烩菜煮饼子、清炖羊肉锅贴子，家常饭有拉面肉臊子、饸面揪片子……

后套人在日常生活中，"甚"字用得也很频繁。如干（做）甚，吃（喝）甚，你说甚，他做甚，有甚事，穿甚衣，坐甚车等。如果在"干甚""吃甚"等后缀上"个

旧时走西口到河套地区的弹棉花匠

旧时走西口到河套地区的小商贩

呀"，就成了疑问句："干甚个呀？""吃甚个呀？"意为"干什么去？""吃什么东西去？"还有一个极为常用的词是"咋价"，如"你想咋价了？"意为"你想怎么样？"有时候，人们还会在问话后缀上"来来"一词，以表示关系亲近。如：你去哪（个）来来？——你去哪里啦？咋来来？——怎么啦？

除此之外，后套话中带"圪"字的词也有很多，可以说无"圪"不说话，无话不带"圪"。高的地方叫"圪梁"，低的地方称"圪钵"；口语中，"圪溜"表弯曲，"圪抿"指慢饮，"圪能"表撒娇，"圪支"表坚持，找借口逃避称"圪装"，不务正业称"圪混"；个大的人走路"圪晃圪晃"的，腿受伤的人走路"圪拐圪拐"的，吃了饭上炕"圪躺圪躺"，喝几盅酒闭住眼"圪眯圪眯"，干完活在地头"圪蹲圪蹲"……

生活中还有一些字词的组合也能充分体现后套话的风趣。例如，×眉×眼就是人们常用的词组。眉顺眼——听话温顺，红眉烫眼——面红耳赤，光眉俊眼——眉清目秀，等等。

在杭锦后旗西南部和磴口县的部分地区，还聚居着许多甘肃民勤县移民的后代，他们既会说后套话，又会说民勤话，交流时，两种方言转换自如。

后套话覆盖范围之大、影响之广，体现了黄河"几字弯"地区博大、兼容的地域文化特性，也从一个侧面印证了中华文化的多元性和包容性。

夕阳下的哈素海

"圪旦""圐圙"说地名

地名是人们赋予某一特定空间位置自然或人文地理实体的专有名称，它不是纯粹的地理现象，而是人类活动的产物，是约定俗成的语言文化，也是地域民俗文化的典型体现，蕴含着丰富的历史文化内涵。

内蒙古西部区的一些地名反映了一段时期内该地区社会、经济、政治、文化、人口迁移状况以及人们的思维方式和心理特征，是一笔宝贵的文化遗产，是印证晋陕等地百姓"走西口"和内蒙古西部方言形成的活化石。

受晋陕方言影响，内蒙古西部区地名常以地形地貌、水道水域、自然资源、人类生产生活方式等为命名依据。例如，"圪旦"即指高出平面的土堆。内蒙古西部区沿黄两岸的村镇地

地名中的方言（一）

名中含有"圪旦"一词的特别多，应该与过去黄河水患频发，两岸人民趋利避害，选择相对高的地方居住有关。如巴彦淖尔临河区的大城西圪旦村、察哈尔右翼中旗的铁圪旦村、达拉特旗的新圪旦村、杭锦旗的二圪旦湾村、土默特右旗的张栓圪旦、准格尔旗的张家圪旦村等。

地名中的方言（三）

再比如"窑"字地名。山西、陕西北部地处黄土高原，窑洞是其农村地区主要的民居形式。"走西口"后，晋陕移民把这种民居形式带到了内蒙古西部地区，于是出现很多带"窑"字的地名，如丰镇市的郭开窑、浑源窑、后窑，清水河县的窑沟，察哈尔右翼前旗的九间窑，等等。

明清以来，晋陕旅蒙商人背井离乡，到今天内蒙古中西部地区经商。经商者有的衣锦还乡，有的在当地定居、生息。这些人以商号命名了内蒙古中西部地区许多村落、乡镇。如包头九原区的宏庆德，察哈尔右翼前旗的益元兴，察哈尔右翼中旗的德胜乡、天兴隆，达拉特旗的裕太奎，磴口县的三盛公，丰镇市的永昌茂，固阳县的西永兴、兴盛公、永和公，凉城县的天成乡，五原县的天吉泰，卓资县的复兴乡、广兴城。

内蒙古中西部地区还存在着大量以姓氏命名的村落，以乌兰察布市平地泉、玫瑰营两镇为例，平地泉镇有来家地、沈家村、白家地等，玫瑰营镇有侯家沟村、袁家洼村、薛家坡村等。"走西口"而在某一地方落脚的晋陕百姓，通过相互之间的联系介绍，说服带动家乡的亲友来此谋生，并以家族为单位聚集，于是就有了这些以姓氏命名的村落。

晋、陕方言固然对内蒙古西部区地名的形成有深广的影响，但蒙古族等少数民族语言在这方面的影响也是举足轻重的。

长期以来，汉、蒙古等民族在内蒙古这片土地上杂居共处、往来频繁。蒙汉词汇的互借便从一个侧面反映了这种状况，这一点在地名中也有体现。

"圐圙"，一般认为是蒙古语音译

地名中的方言（四）

词，也译作"库伦"，指围起来的草场，也泛指圈起来的一块地。这个圈圈可大可小。小起来很小，比如娃娃尿床了，说给褥子上尿了一"圐圙"；孩子十二岁圆锁时，脖子上要戴"面圐圙"；还有民间特色食品"油炸圐圙"。大起来又很大，可以把四面八方围住，比如城圐圙、圐圙村，主要用于地名中，如清水河县宏河镇的西圐圙图村，丰镇市的马家圐圙等。不仅如此，只要是蜷曲成圆形或弧形的，都可称为"圐圙"。如卷曲的头发叫"圐圙毛"，蜷着身子睡觉叫"圐圙地睡"，驼背叫"锅圐圙"。

再比如，由"板生"构成的地名。明后期，中原汉族兵民迁徙到阿勒坦汗统治的土默特地区，修筑房舍，开垦荒地，建立村落，从事农、副业和手工业生产，向阿勒坦汗等领主交租纳税。当时蒙古族把这些房舍、村落和汉族佃户称作"板生"。后泛指土木建筑的房舍、城堡及周围的园田。现常简作"板"，出现在地名中。如呼和浩特地区的口可板（"口可"为蒙古语音译词，意为"青色"）、刀刀板（"刀刀"为蒙古语音译词，意为"下边"，因位于大青山山坡下，故称"刀刀板"）、攸攸板、辛辛板、讨号板、厂汉板等。

晋陕移民在内蒙古西部地区开发、繁衍的历史，是晋陕文化，包括晋陕方言向内蒙古西部地区传播的历史。内蒙古西部区的地名不仅显示了当地的文化特色，也是各民族交流融合的有力见证。

北魏重镇·武川

Significant Town of Northern Wei Dynasty WuChuan

康莊

武川唱响个爬山调

爬山调，也叫爬山歌、山曲儿，是一种流行于内蒙古中西部农业区和半农半牧区的传统短调民歌。爬山调可分山区爬山调和平原爬山调两种类型，前者以武川为代表，后者以河套地区为代表。

如果再细分，还可分为后山调、前山调、河套调三种类型。后山调流行于阴山北麓的武川地区，旋律悠长，唱腔粗犷自由，歌词质朴形象，给人以热情奔放的感觉；河套调流行于巴彦淖尔市的平原地区，旋律轻快柔和，情感丰富而细腻；前山调主要流行于土默川平原，节奏起伏没有前两者大，音调也相对细腻柔美。

就拿武川县为例，当地人们把唱一段爬山调称作揪一段"烂席片"，就是说人们在唱爬山调时想起什么唱什么，走到哪里唱到哪里，看到什么唱什么，随唱随完。所以"烂席片"这个词形象地概括了爬山调的一些特点，即篇幅不限，可长可短，段落随意。

武川境内多山地和丘陵，南倚巍巍青山，北接广袤草原。这里的劳动人民或在高山之巅，或在丘陵之上，或在道旁村舍，或在田间草场，兴起于景，情动于心，声发于外。

站在巍巍的大青山上，远眺天地间广阔的田野、草场——赶路的脚夫、劳作的耕者、放牧的羊倌踩踏着脚下厚实的土地，眼望着前方绚丽的风景，憧憬着美好的生活与未来，他们将高亢、粗犷、自由的呼喊与吟唱合而为一：

黄河几字弯 乡音

站在山顶顶上往远瞭，
得朗朗唱上几声爬山调。
清湛湛的水来绿茵茵的滩，
不愁吃来你不愁穿。
······
马莲开花一路路蓝，
胶皮车好似那橡皮船。

武川县向日葵花海

绿个莹莹的青草胶皮车上拉，

圪叭叭的红缨鞭儿甩开了花。

爬山调的演唱者往往即兴编词唱曲，歌词合辙押韵，多用方言重叠词，乡土味浓重。即便是目不识丁的山汉、村姑，只要听过几次，也能随口吟唱，

武川县油菜花海

而且用不了多久便能由单纯的模仿转为自编自唱。这就为爬山调奠定了广泛深厚的群众基础，也是其久唱不衰、雅俗共赏的原因所在。

爬山调的题材内容十分丰富，从歌颂劳动、赞美家乡到反映生活境遇、时代变迁、世态炎凉，再

到诉说儿女情长，甚至演唱者自己的理想夙愿和喜怒哀乐，都可以写进唱词中。

爬山调的艺术风格源于古风，可以在《诗经》里找到源头，同时也深受《敕勒歌》《木兰辞》等北朝民歌的影响，充分反映了当地的风土人情和历史文化的发展与变迁。

武川的爬山调的形成与当地特殊的历史背景和地理环境分不开。从历史背景来看，明清时期，众多的晋、陕、冀、豫移民陆续向北迁徙，其中的一部分移民渡过黄河之后没有停下脚步，而是继续向北，落脚在大青山北的武川地区。这些移民与原先居住在这一地区的蒙古族、满族民众杂处而居，促进了农耕文化与游牧文化的深入融合。清末到民国时期，因列强入侵和自然灾害的频繁发生，晋西北地区向大青山一带移民的人数激增，更加增进了不同地域间文化和艺术的交流与融合。其中，流行于武川地区的民歌——合辙押韵的口头语言配以简单通俗的曲调，在民族融合的过程中，吸收冀西民歌、晋北民歌、陕北信天游等民间传统艺术形式和蒙古族民歌的音乐元素，形成我们今天听到的爬山调。

从地理环境来说，武川在阴山以北、希拉穆仁草原以南，东、南、西三面环山。因此，基于这样的地理环境，武川的爬山调有着不同于前山调和河套调的鲜明特点，即音调高亢，旋律奔放，音程跳动大且频繁。

1953年，在武川长大的素有"爬山歌王"之称的张二银虎随绥远省文工团进京演出，艺惊四座，周恩来总理更是称赞爬山调是"宝贵的莜面调"。由此，小众的爬山调走进了大众的视野，在民间文化艺术的舞台上繁荣至今。

爬山调是农耕文化和游牧文化相互碰撞之后产生的艺术形

"爬山歌王"张二银虎（左）

爬山调革命历史剧《青山儿女》演出照

式，亦是黄河文化的组成部分，它为促进内蒙古地区民间文化的繁荣和各民族的团结发挥了重要作用。爬山调既是劳动人民智慧与情感的结晶，也是他们乡土生活的时代缩影。

2007年，爬山调被列入内蒙古自治区第一批非物质文化遗产名录；2008年，经国务院批准，列入第二批国家级非物质文化遗产代表性项目名录。

武川县城标

阴山

二人台《梁山伯与祝英台》演出照

西口走出个二人台

　　"走西口"，是指在明朝中期至民国初年四百余年的历史长河中，大量晋、陕、冀等地老百姓为生活所迫涌入西口（指山西省长城诸口）口外地区谋生的移民活动。这一移民活动，极大地改变了西口口外地区的社会结构、经济结构和生活生产方式。

　　"走西口"这一大规模的移民活动，不仅使口外地区，特别是河套地区的农业经济得到发展，也带来了晋、陕等地的民俗和文化，这些民俗、文化与口外地区的本土文化相融合，催生了许多独具特色的民间艺术。

　　流行于内蒙古中西部及晋、陕、冀部分地区，深受群众喜爱的二人台，就是不同地域、不同民族文化交流融合的产物。

　　关于二人台的起源，莫衷一是。有的研究者认为二人台源起于山西河曲。河曲位于山西西北部，享有"民歌的海洋""中国北方民歌之乡"等美誉。早期的一些研究者从二人台传统剧目《走西口》入手分析，认为二人台是河曲民歌衍生发展的一个曲种，后从河曲流传到内蒙古。但2006年，山西省河曲县申报的"河曲民歌"和内蒙古自治区呼和浩特市申报的"二人台"均被列入第一批国家级非物质文化遗产代表性项目名录，其中，"河曲民歌"属传统音乐项目类别，二人台属传统戏剧项目类别。可见，河曲民歌与二人台是既有联系又有区别的不同音乐种类。所以有研究者认为，河曲民歌是二人台在山西的原始形态，其与陕西、内蒙古等地的某些民间艺术形式融合创新后，演变发展成二人台。一般来看，二人台孕育于河曲，受到周边省区各种不同民间艺术形式的影响，形成并演变发展于内蒙古中西部地区。

二人台在长期的演变发展进程中，基于各地不同的语言文化、风俗民情，逐渐形成了不同的艺术风格、艺术流派。

以内蒙古呼和浩特为界，流行于呼和浩特以西地区的二人台被称为"西路二人台"，民间俗称"蒙古曲"，主要流传于内蒙古呼和浩特市、包头市、巴彦淖尔市、鄂尔多斯市以及陕西省榆林市，山西省忻州市、太原市，宁夏回族自治区的银川市和盐池县等地区；流行于呼和浩特以东地区的二人台被称为"东路二人台"，民间俗称"蹦蹦"，主要流传于内蒙古乌兰察布市的集宁区、兴和县、丰镇市、商都县，锡林郭勒盟部分旗县以及河北省张家口坝上地区，山西省雁北地区。西路二人台侧重于民间娱乐，多为载歌载舞、取笑逗

山西省右玉县西口古道保护界碑

乐的小戏;东路二人台则十分注重戏曲表演。

　　清朝时期,人们到口外地区垦荒是二人台形成的历史背景和社会条件。除受前面所讲晋、陕、冀、蒙等地民间艺术形式交流融合所产生的影响外,一些民间艺人根据现实生活和自身遭遇编的借以消愁解闷或讨饭谋生的生活故事成了二人台的最初表演内容。当时,这一带地广人稀,信息闭塞,生产生活条件较差,娱乐形式也比较单一。所以,消闲之时,人们常常围坐在热炕头上自拉自唱,自娱自乐。之后经过一段时间的发展,这种一人"打坐腔"的形式逐渐发展为两三人"走唱"的地摊表演形式,这就是二人台的前身。

　　旧时,传统的二人台表演有一套习惯,先由丑角上场说"呱嘴",一般都说些以第三人称为主的现成段子,有时演员也会根据现场情况即兴发挥,旨在调动观众情绪,调节现场气氛。之后,通过丑角与观众或旦角的相互问答(称"叫门对子"),

二人台演奏乐器小镲(上)、云锣(下)

把旦角叫上舞台，接演其后的正戏。

东路二人台的唱腔，主要来源于地方民歌，同时吸收了坝上秧歌、北路梆子、道情等音乐元素，一剧一曲，专曲专用。后来，曲调逐步演化，发展成多曲联用的套曲形式，基本上保留了原民歌乐曲的面貌，音程没有大幅度

二人台名角樊六

的跳跃，旋律平稳流畅，节奏以四二拍、四四拍居多；演唱速度由慢到快，在结束的前一句突然切住，然后放慢唱最后一句。

除了唱腔外，舞蹈作为构成二人台美学特征的重要元素，对于二人台剧目中人物形象的塑造、性格的刻画、情感的表达以及舞台的渲染、情节的推动、气氛的烘托、观众情绪的调动，也起到了极为重要的作用。因此，舞蹈对二人台表演

艺术的发展起到了不可低估的作用。

　　最初，东路二人台中的舞蹈元素来源于汉民族民俗活动"社火"中的秧歌、高跷。现如今，高跷已经不踩了，但仍保留着颠颤步，穿插过场仍用高跷的剪子股、编蒜瓣以及秧歌的大小八字、大小圆场、二龙出水等套数。

　　东路二人台的舞蹈以细腻优美、小巧灵活著称，在艺

二人台演奏乐器堂鼓

二人台演奏乐器大镲

术风格上区别于粗犷豪放、跳跃性强、动作幅度大的西路二人台。

另外，二人台非常重视舞台造型。剧中人物在不同的舞蹈段落以及不同的情节中，要变换艺术造型。一些特定人物也非常注重身段、台步等的独特性。这些技巧的运用，对于塑造人物形象、刻画人物心理、强化人物情绪以及烘托气氛都是大有帮助的，甚至对剧情的发展也会起到画龙点睛的作用。因此，二人台演员必须是能歌善舞、会表演的多面手，这样才能够诠释好角色，以达到"歌以咏言，舞以尽意"的艺术效果。

二人台流行地多在黄河中游两岸及长城内外的农区，因地理位置偏僻，交通不便，给挖掘、整理、保护工作带来许多困难。

2006年，二人台被列入第一批国家级非物质文化遗产代表性项目名录。作为一个地方戏种，二人台表演艺术始终切合时政、贴合人民意趣，向更广阔的地区和更多的人群传递着来源于人民、来源于生活的艺术情怀。

二人台《打樱桃》剧照

民间说唱数呱嘴

呱嘴《朵朵金花向阳开》演出照

　　源自民间的艺术形式，大都保持了淳朴率真、自然而无雕琢的特色，从内容的朴与华、形式的拙与巧来看，基本属于朴与拙这一路。二人台中的呱嘴艺术便是如此——浓郁的生活情趣和犀利的嘴皮子功夫，让其在劳动人民中深深地扎下了根。

　　2006年，内蒙古呱嘴艺人王占新凭借曲艺节目《王婆骂

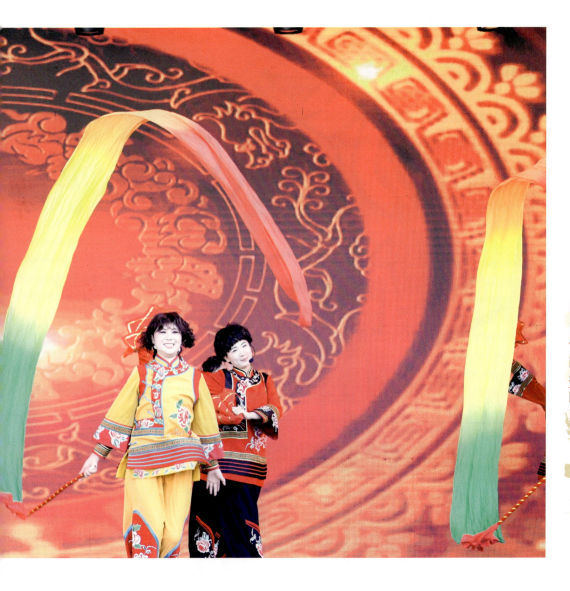

假》系列，摘取第四届中国曲艺牡丹奖，为这一地方曲艺赢
得了一片赞扬声和极大的关注，他也因此获得了在日本、法国、
西班牙三国传播、交流呱嘴艺术的机会。2018 年，在第十届
中国曲艺牡丹奖颁奖仪式上，王占新的儿子王舜也凭借呱嘴
艺术荣获新人提名奖。由此，二人台呱嘴艺术又一次在中国
曲艺最高奖项评选中大放异彩。

二人台演出服饰（一）

呱嘴是一种曲艺形式，是民间"独行郎"艺人自打快板自唱串话，其借物发端、触类旁通，笑骂褒贬、皆成文章。不少呱嘴艺人因嘴皮子功夫了得且又擅长表演，被吸收到二人台的表演团体中。

一般认为，内蒙古西部地区的呱嘴艺术，是"走西口"移民带来的汉民族文化与当地的蒙古族说唱艺术融合之后形成的一种曲艺形式。

呱嘴属于曲艺，表演内容基本上都是现成的段子，大多诙谐生动。呱嘴最初穿插于二人台表演过程中，后来发展为可独立表演的艺术形式。

旧时，二人台正式演出前，一般先由丑角上场说一段呱嘴，是为暖场、聚拢观众之用。

改革开放以来，二人台大戏不断被搬上舞台，与各戏曲剧种平分秋色。一些优秀的艺人在传承中不断创新，从生活中不断提炼，丰富了呱嘴的艺术内涵，使呱嘴表演者从配角变成主角，使呱嘴逐渐脱离了二人台，成为一种独立的曲艺形式。

呱嘴多为一人表演，具有一人多角的特点。语言多采用晋语，生动自由，没有太严格的韵律规矩。句式一般以七字为主，但并不死板，可长可短，根据内容的需要，可采取点字、减字或单句、双句、切句、垛句等手法，有的句子可以增加到数十字之多。

二人台演出服饰（二）

表演呱嘴时，主要用竹板伴奏，有时也加入锣、铙、镲等打击乐器，以增强节奏感。呱嘴表演要求节奏有紧有慢，所以表演者嘴皮子要溜儿，说的每一个段子都要达到由慢到快、一气呵成的效果。

呱嘴的表演题材非常丰富，有反映生产生活场景的，有说家长里短的，也有讲述青年男女爱情故事的，但大部分都是以赞美勤劳善良、贬斥懒惰邪恶为主题的，同时把劳动人民的思想感情、聪明智慧融入其中，使呱嘴艺术源于生活又服务于生活。

呱嘴表演多用串话、谚语，诙谐幽默。

现今，呱嘴已发展成一个艺术品牌，它不断地与其他艺术形式相融合，不断地吸收现代元素，如街舞的某些动作、流行音乐中的说唱元素等，丰富了表演形式，使呱嘴艺术的影响范围越来越广。

多年来，呱嘴表演艺术家王占新、王舜父子将一百六十余部作品搬上了舞台。他们父子二人还曾多次应中国曲艺家协会邀请，赴日本、韩国、西班牙、英国、卢森堡、德国、法国、新加坡、马来西亚等国进行艺术交流演出，让呱嘴艺术走向世界。

呱嘴在当地人们的文化生活中占有重要的地位。保护与传承呱嘴艺术对研究农耕文化、西口文化、游牧文化、黄河文化意义重大，特别是对研究汉民族、蒙古民族的艺术发展与交融有着重要的价值。

二人台《走西口》剧照

经典民歌《走西口》

哥哥你走西口，小妹妹我实在难留，

手拉着那哥哥的手，送哥送到大门口。

哥哥你出村口，小妹妹我有句话儿留，

走路走那大路的口，人马多来解忧愁。

······

一段熟悉而亲切的歌声，一曲苍凉而忧伤的旋律，从阔别多年的故乡传来，穿过广袤无垠的高原，穿过黄土坡的沟沟峁峁，和着黄河水的声声呜咽，悠悠传唱了上百年。

这曲高亢、哀怨的《走西口》，生动地表达了黄河沿岸的晋陕移民"走西口"时的别离情愁。

《走西口》道出了一对新婚夫妇生离死别的悲苦和近代山西人出外谋生的无奈与艰辛，是一串与命运抗争的强劲音符。

咸丰年间，太原府女子孙玉莲与丈夫太春新婚不久后就遇上"山西遭年限"带来的生活困境。无奈之下，太春只得离开爱妻，到口外去谋生。

古道口，四月天，不见艳阳只见沙，风沙吹打着女人清秀的脸，吹疼了男人思乡恋家的心，只有呜咽的黄河水知道女人心中的悲苦······

荒凉的古道上，牵着毛驴的男人恋恋不舍，

一步一回头，留下一个前途未卜的身影。而那伫立在高坡上的女子，目送自己的爱人渐渐远去，心中悲苦，泪眼婆娑。她年复一年地站在这里，向着远方张望，直到望穿了双眼、等白了双鬓。

于是，歌声裹挟着思念和牵挂从女子的口中飘荡出来，那份痴情，那份期待，那从心底生出的真真切切的无奈与失落，直扯得人心生生的痛。

满坡的荞麦花，开了一茬又一茬，荒原上的大风挟着黄沙，刮过黄土塬，却刮不散女子那凄凉婉转的歌声；奔腾的黄河水流过沟沟峁峁，冲不走的是早已根植于心的旋律。

《走西口》刻画了一对被迫分离的恩爱夫妻在离别之际凄苦缠绵的情景，以凄婉的歌声，将男女爱情、离情别绪与人生苦情一并表达出来，饱含着时代的沧桑。

而今，《走西口》这首歌不但山西人会唱，陕西人，甚至宁夏、青海、甘肃也有许多人在传唱。这首凄婉动人的民歌，表达了黄土高原上的人们对美好生活的渴望，承载着一代又一代背井离乡的汉子们寄托在这片土地上的沉重思念。

这是一首从心中流淌出来的歌谣，是贫苦

二人台经典剧目《走西口》惠民展演照

百姓在苦难的日子里无奈的倾诉，是他们内心深处的呐喊，是他们至真至纯的情感最为原始的流露。一首民歌，书写了一段厚重的历史；一曲歌谣，诉说着一部辛酸的移民史、一部艰苦奋斗的创业史。

《走西口》不仅有民歌的表演形式，还是二人台的一个经典剧目。二人台与历史上的走西口移民活动密切相关，它的形成和流变都是以晋、陕、冀人民走西口到口外地区为背景的，以晋西北文化、陕北文化为代表的汉民族农耕文化和蒙古族文化在内蒙古西部广袤土地上的碰撞交融，造就了二人台复杂多维的文化特质。

习近平总书记说："一个不记得来路的民族，是没有出路的民族。"铭记历史，是为了更好地珍惜当下。

走西口，是我国历史上一段裹挟着血泪和苦痛的坎坷历程，是一个时代苦涩的记忆，磨砺出一个民族坚强的魂魄，树立起一座不朽的精神丰碑！

而今，走西口的历史已经翻了过去，但走西口的精神传承了下来，那就是不畏艰难、勇敢闯荡的精神，不屈不挠、艰苦创业的精神，这是激励后人奋发图强的一笔精神财富。这种精神，会一代代流传下去，给予我们不断前进的动力。

二人台剧团演出照

晋剧演出照

百年晋剧解乡愁

晋剧是我国地方戏曲的一个剧种，亦称"山西梆子""中路梆子""中戏"，流行于山西中北部及陕西、内蒙古、河北的部分地区。

明清，特别是近代以来，内蒙古西部地区陆陆续续迁来不少山西民众，他们或来此地垦殖谋生，或来此地做生意。受这些山西民众的影响，渐渐地，晋剧在内蒙古西部地区流传开来，并形成了独特的风格。

晋剧是一种民间戏曲艺术，反映出当地民众的生活状态。它不仅自身有极强的文化穿透力，还深受当地风土人情的影响，是"活的民俗文化"。

晋剧《挑女婿》演出照

谈晋剧一定离不开晋商。作为同根同脉、同时代兴盛起来的山西的"品牌"，二者之间有着千丝万缕的联系，都蕴含着深厚的山西人文精神。黄土高原上土生土长的晋商大都喜欢这种情意浓浓的乡音乡韵，他们以炽热的乡土情怀和强大的经济实力为晋剧撑起一片天，让稚嫩的晋剧艺术一步步发展壮大并走向成熟。

清代，归化城商贾云集，手工作坊、店铺、商号和娱乐场所颇多，是西部商品贸易的集散地。清人王循曾写诗赞道："西北风雪连九徼，古今形势重三边。穹庐已绝单于域，牧地犹称土默川。小部梨园同上国，千家闹市入丰年。圣朝治

昔日的呼和浩特市乌兰恰特剧场

化无中外，千万貔狱尚控弦。"诗歌描述了土默川的变化——城郭取代了毡帐，市景热闹，戏园子繁盛。

据有关史料记载，早在同治初年，塞北一些私人组织的晋剧班社就已崭露头角。

起初唱中路梆子的多数是山西来的北路梆子艺人，唱腔中掺杂着北路梆子的味道。那时的中路梆子还不能和流传已久的北路梆子相媲美，所以一些唱中路梆子的艺人就入乡随俗，跟随班社的戏路走。渐渐地，中路梆子在内蒙古西部地区的影响扩大，听众也越来越多。

清末，归绥地区的经济已经很是繁荣，商业、手工业及各地来此的客籍同乡会，都有专门的社，如银行的宝丰社，当行的集锦社，同乡会中有云中社、代州社、忻州社、定襄社、榆次社等。每社每年最少办一次戏剧演出活动，条件好的社办两至三次。立冬以后，天寒地冻，各庙会野台戏均停演，搬到戏园演出。

二十世纪三四十年代，归绥城的演出活动日益增多，吸引外地戏班子的同时，还推动了当地剧社的发展，进而促进了交流。一时间，归绥城里涌现出一大批名声在外的戏班子和演员，形成了你追我赶的竞争局面，晋剧也因此在内蒙古西部地区得到了较快且长足的发展。

中华人民共和国成立后，晋剧在内蒙古中西部地区得到了进一步发展，流传范围不断扩大，很多地方都相继建起了晋剧团，各路艺人也在唱、念、做、打等方面磨炼出精湛的演技。

20 世纪 50 年代初，归绥市的大观园戏班和民众园戏班分别改制更名为新绥剧社、醒民剧社。这一时期，两个剧社不仅演传统戏，而且演现代戏，还新编、改编了不少剧目，并配合政府的宣传活动在各地公演，演出了《兄妹开荒》《新九件衣》《唇亡齿寒》《夫妻识字》《小女婿》等剧目。50 年代中后期，两剧社纳入地方国营体制，分别更名为呼和浩特市晋剧一团、晋剧二团。康翠玲是当时的顶级名伶，一直在剧团挂头牌，老百姓对她的表演、扮相、唱腔赞不绝口。每到康翠玲演出，戏园子里就早早挤满了观众，可谓"一票难求"。

晋剧从山西"移植"到内蒙古，必然会像植物在不同地带生长一样，会在气候、土壤等的影响下改变生长习性。在内蒙古，晋剧高亢激越的特点更加显著了，不仅鼓板、梆子、呼胡、二弦等乐器演奏得更加强烈急促，唱腔也尤为高亢、粗野。

晋剧流入内蒙古地区后，流传甚广，影响极大，形成了独特的风格；而悠扬百年的梆子声也给世代扎根在这里的游子们带来了心灵的慰藉，无论身在何处，只要听到浑厚悠扬的梆子声，乡愁就会立刻涌上心头。

2006 年，晋剧经中华人民共和国国务院批准，列入第一批国家级非物质文化遗产代表性项目名录，编号Ⅳ−18。

漫瀚剧《丰州滩传奇》惠民展演照

蒙汉同创漫瀚调

　　蜿蜒曲折的黄河流经鄂尔多斯728公里，占黄河全长的1/8。在这里，黄河与草原"握手"，与沙漠"依偎"，形成了黄河、沙漠、草原、长城交相辉映的壮美风光。"天下黄河九十九道湾"，当母亲河流经蒙、晋、陕交界处的准格尔黄河大峡谷时，形成了一个巨大的"S"形弯曲，登高览之，犹如一幅天然的太极图。这里地势险要，两岸葱茏苍翠、山岚氤氲、绝壁峭立。也是在这里，黄河孕育出悠久灿烂、多元融合的地域文化。

　　一般认为，漫瀚调产生于近现代，是蒙古族音乐文化与晋西北、陕北汉民族的民间音乐文化交流融合而产生的民间艺术，是以蒙古族短调民歌为母体，吸收晋西北爬山调和陕北信天游的一些旋法、润腔而形成的新的民歌歌种。

　　漫瀚调作为兼有蒙古族音乐和汉族音乐特色的歌种，具体来说，是由蒙古族民歌曲调和汉民族语言互相融合而演变形成的一种风格殊异并极其珍贵的歌种，是黄河沿岸的蒙汉两族人民在同生共荣的发展进程中创造出来的民间艺术形式。因此，也有人把它称为"蒙汉调"。

清初，清政府对蒙古族人限制较严，禁止其与汉人接触，甚至利用明朝的"黑界地"划出一个长2000余里、宽50里的"隔离带"，不准长城内外的蒙汉人民逾越，也不准他们在"隔离带"耕种或放牧。后来，由于中原地区的逃荒农民不断涌向塞外，加之蒙古鄂尔多斯部内附归清后，局势稳定，所以清政府根据实际情况，开始实行"借地养民"的政策，颁令允许蒙古王公与农民合伙种地。蒙古王公为了得到地租之利，大量招民开垦，中原流民迫于生计，来蒙地者日益增多，滞留不去。清朝咸丰年间，到今内蒙古河套地区逃荒更是成为晋、陕等地穷苦百姓的谋生途径。

河套地区以富饶的土地和宽厚的怀抱，接纳和养育了走西口而来的逃荒者，也为蒙汉民族的交流融合创造了良好的条件。民族的交流融合必然会促进民间文化的融合与发展。漫瀚

漫瀚剧《契丹女》惠民展演照

调的产生即是蒙汉民族民间艺术交融在音乐领域的突出体现。

　　语言是人类交流最直接的工具。方言作为具有某一区域特色的地方性群众语言，与音乐结合为一体时，它自身所包含的语音、语义、语法及词汇等要素，会对音乐产生直接的

或潜在的影响。常言道，"一方水土一方艺"，没有方言就没有特色鲜明的民间文艺。地方方言最能体现一个地区的文化氛围与语言风格。漫瀚调的唱词就运用了准格尔旗的方言土语，具有浓郁的地方特色。

漫瀚调腔调热情豪放，旋律舒缓明丽，唱词朴素无华，感情炽热直率，散发着浓郁的乡土气息，形成了独特的艺术风格，在准格尔旗及周边的山西、陕西等地极受欢迎，广为传唱。

漫瀚调在一定程度上突破了蒙古族短调民歌一调一词的框框，一词多曲或一曲多词，曲调也更加流畅。

漫瀚调有一种表现手法叫"风搅雪"，是唱词中混合使用蒙古语、汉语两种语言的比喻性称谓。例如，毛日呀呼奎（蒙古语，汉语译

为"马儿不走"），拿上鞭子打；努胡日依
日奎（蒙古语，汉语译为"朋友不来"），
捎上一句话。

漫瀚调是蒙汉人民共同孕育、浇灌出
的一朵民间艺术奇葩，其唱词生动诙谐，
集中体现了劳动人民对美好生活的憧憬、
对爱情的执着追求。

例如"城墙上跑马扭不回个头，甚时
候能活在个人前头？"这一唱词形象地表
达了中华人民共和国成立前生活穷苦的人
们对美好生活的渴望与向往。

中华人民共和国成立后，人民生活水
平不断提高。富裕起来的鄂尔多斯人民继
续用漫瀚调表达着对生活的热爱和对美好
未来的向往——"绿茵茵的韭菜炒鸡蛋，笑
盈盈端给亲亲热腾腾的饭。小河河踏石大
河河桥，小店店也能给亲亲解疲劳。如今
政策放了个宽，到处是营生到处是钱。"

"打鱼划划渡口船，鱼米之乡大树湾，
吉格斯太到乌兰，海海漫漫米粮川。"这
一段简单朴实的唱词，是蒙汉人民对"鱼
米之乡"和"米粮之川"真诚的赞美。

漫瀚调曲目繁多，按原调词意大体可
分为思苦、歌颂、情爱、渴盼、哀怨、离

愁、新声七种类型，其中，反映男女间真挚爱情的曲目占了相当大的比重，其唱词大胆豪放。如"想哥哥想得后脑勺疼，瞭哥哥跑断两股筋""心里头想你脸上愁，泪蛋蛋浇活两行柳""端起个饭碗想起个你，半碗捞饭泪拌起"。

漫瀚调属于民间小调，多在室内演唱，由笛子、四胡、扬琴等乐器组成的乐队伴奏。此外，还会用到梆子、四块瓦等打击乐器。与山歌比，漫瀚调具有较多的艺术加工成分，曲调流畅，表现力强。

在漫长的岁月中，漫瀚调以其顽强的生命力和非凡的魅力成为黄河沿岸一颗璀璨的艺术明珠。

今天，漫瀚调正以厚重的文化底蕴、鲜明的时代风采走向更广阔的天地！

漫瀚剧《大爱无边》惠民展演照

准格尔旗黄河大峡谷

准旗"漫瀚"入非遗

漫瀚剧《牵魂线》演出照

　　提起今天的鄂尔多斯市准格尔旗，人们往往会想到它快速发展的经济和日新月异的城镇面貌。殊不知，除了经济发展和城镇建设外，让这里名扬四海的还有一种独具特色的民间艺术——漫瀚调。

　　漫瀚调的"漫瀚"是蒙古语"芒赫"的音译词，意为"沙丘""沙梁""沙漠"。漫瀚调的发祥地准格尔旗正是沙丘、沙梁、沙漠遍布的地区，生活在这里的蒙汉人民以"漫瀚调"为自己创造的歌种命名，是自然的，是合情合理的，也是十分贴切的。

　　关于"漫瀚调"的名字，在准格尔旗还有这样一种说法：

清末，准格尔地区蒙汉杂居的格局已经形成，人们在劳动之余，经常坐在一起吹拉弹唱。起初，蒙古族人唱蒙古族民歌，汉族人唱晋陕民歌。时间一长，一些蒙古族短调民歌被汉族人接受，他们借其曲调，即兴填词演唱，听起来竟倍感亲切和新鲜。所以"漫瀚调"又叫"蒙汉调"，说白了，就是用蒙古族短调民歌曲调做皮儿，晋陕民歌唱法做馅儿。

准格尔旗的气候特点是冬季漫长寒冷，夏季炎热短促，春秋气温多变，为典型的温带大陆性气候，降水量少、蒸发量大。准格尔旗的地理位置得天独厚，旗境东、北两面被黄河环绕，与山西省隔河相望，南临古长城与陕西省搭界，素有"鸡鸣三省"之称。而且，这里既有林地又有耕地，既有草场又有河流。这样的气候和地理条件为蒙汉两个民族音乐文化交流融合的产物——漫瀚调提供了赖以生存的土壤。

据《准格尔旗志》记载，漫瀚调是汉族人民以晋陕地区的信天游、山歌和二人台等民间艺术为根基，借用蒙古族传统民歌曲调填词演唱的一种音乐形式，其突破了蒙古族传统民歌定词定曲的固定模式，一曲多词或一词多曲。音乐人赵家琪也曾指出，漫瀚调是内蒙古西部鄂尔多斯高原蒙汉民族聚居地区的特殊歌种。其旋律主要源自鄂尔多斯蒙古族短调民歌和晋陕一带的山曲儿、小调；其唱词大多是用汉语依西北地区民歌爬山调或信天游的格式编创的，间或杂以蒙古语，韵脚吻合。

漫瀚调多由两个或四个乐句构成单乐段，属于简单的一部结构，具有完整性和周期性的特点。其调式有羽、宫、徵、商四种，以羽调

乌兰牧骑队员在田间地头为农牧民演出

式居多，大约占到三分之一。漫瀚调的音阶跳动幅度大，六度、七度、八度的大跳表现尤为明显，用得最多的是九度、十度、十一度的大跳，有时还会出现十二度的大跳。漫瀚调音域宽广，既可以表达奔放激切的炽热情感，也可以塑造舒展洒脱、深沉委婉的音乐形象。代表性作品有《大河畔上栽柳树》《天下黄河九十九道湾》等。

漫瀚调的唱词可由歌者任意发挥、即兴编创，常常一曲多词。唱词有抒情的，叙事的，议论的，也有抒情兼叙事、叙事兼议论的，但最鲜明的特征，是充分运用了诗歌的比兴手法，以物寓意，借物抒情。山川河流、日月星辰、庄稼草木、花鸟鱼虫、劳动工具、生活用品，无不在其借比之列。

漫瀚调唱词浩如烟海，难以计数，如歌中所唱，"漫瀚调好比牛毛多，三天唱不完牛

乌兰牧骑青年演员演唱漫瀚调

耳朵""漫瀚调好比山上的草，想要多少有多少"。许多歌句蕴含着深刻的人生哲理。例如"山在水在石头在，人家都在你不在"，歌句把人去楼空的感伤之情与时过境迁、物是人非的人生哲理用最朴素的语言表达得深刻透彻。

此外，内蒙古西部方言中的串话也给漫瀚调增添了一丝俏皮和风趣。《二人台资料汇编》中有记载，串话是内蒙古西部地区广大群众创造出来的一种口头诗，每句话的尾字都合辙押韵，听起来节奏明快、自然流畅，类似顺口溜。串话诙谐幽默、生动形象、押韵顺口的特点给漫瀚调增添了感染力，使其具有浓郁的生活气息。

当地农牧民根据真实的生活体验，用自己的聪明智慧编创出无数动听的曲调和精妙绝伦的唱词。他们在非功利状态下，在无拘无束的自然环境中，用漫瀚调直抒胸臆、表达情感、歌唱生活。

漫瀚调起于山野，发乎于心，

因情而扬。正所谓："一切民歌都是心灵史。"

漫瀚调调脆个铮铮音，

蒙汉兄弟越唱越惹亲。

漫瀚调是那盘根根柳，

笑声声唱出个手拉手。

黄河水绕着准格尔旗流，

流进蒙汉人民心里头。

天又长来地又久，

蒙汉人民的情谊万辈留

……

在晋、陕、蒙交界处的准格尔旗，作为蒙汉民族音乐文化交流融合的结晶，传唱了近两百年的漫瀚调，唱出了团结友爱的蒙汉人民共同的心声。

1996年，准格尔旗被文化部命名为"中国民间文化艺术（漫瀚调艺术）之乡"；2008年，漫瀚调被批准列入第二批国家级非物质文化遗产代表性项目名录。

鄂托克前旗马兰花海

苍茫高原处处歌

在鄂尔多斯高原，不论男女老少，人人都是歌手，个个都能即兴吟唱。在这里，无论是演唱旋律悠长舒缓、音域宽广、节奏自由的长调民歌，还是演唱节奏欢快、结构短小、句法整齐的短调民歌，抑或演唱潇洒豪放、感情炽热的漫瀚调，

乌兰牧骑队员下乡演出（二）

都是一人唱、百人和。

　　从千沟万壑的准格尔山区到广袤无垠的鄂托克草原，从一望无际的毛乌素沙地到海海漫漫的达拉特滩头，到处都是歌的"溪流"、歌的"湖泊"、歌的"海洋"……正所谓"行

20世纪60年代地方戏演出照

者歌于途，劳者歌于田"。

　　如果你泛舟"歌海"，溯流而上，你会发现，这些歌曲的"源头活水"就是鄂尔多斯各族人民的生产生活实践；"歌海"中的朵朵浪花，就是鄂尔多斯各族人民激荡于心的创作热情。

鄂尔多斯民歌在鄂尔多斯各族人民的生活中占据着重要的位置，是他们不可或缺的精神食粮。鄂尔多斯民歌同时又是一颗耀眼夺目的明珠，其风格清新，诗味浓郁，情感真挚，色彩鲜明。

以鄂尔多斯蒙古族民歌为例，其与我区呼伦贝尔、锡林郭勒、阿拉善和青海、新疆等地的蒙古族民歌既有相通之处，又有明显区别。

鄂尔多斯高原地理位置特殊，地貌形态丰富。它处在黄河"几字弯"的怀抱里，东南、西与晋、陕、宁接壤，受黄河文化滋养较深；库布齐沙漠、毛乌素沙地又赋予其沙漠文化包容、粗犷的基因；这里的草原因滔滔黄河之水的滋润，牧草丰茂、美景如画，是孕育质朴天然、丰富广博的草原文化的摇篮之一。

自古以来，就有匈奴、乌桓、鲜卑等北方游牧民族在鄂尔多斯高原上生活。特别是到了元代，这里更是成为中原通往西北、北方的交通要道，成为多个民族的贸易交流之地。这些民族的音乐，尤其是歌舞艺术，对鄂尔多斯蒙古族短调民歌音乐风格的形成产生了深刻影响。清代后期，"走西口"的晋陕百姓溯黄河而上，落脚于鄂尔多斯高原黄河沿岸进行农业生产，又给这里带来了农耕文化气息，使得这里不仅良田广阔无垠、村庄星罗棋布，而且民俗风情更加多彩，文化积蕴更加丰厚。

因此，鄂尔多斯高原自古以来便是孕育多元文化的绝佳地域，是孕育音乐文化的一方沃土。

鄂尔多斯蒙古族民歌唱词内容广泛、内涵丰富。不管是诉说苦难、控诉不平，还是赞美大自然、歌颂美好情感，都表现出一种欢乐俏皮的调侃倾向，或是一种浪漫的理想化特色。

如果细细品味，你还会从鄂尔多斯蒙古族民歌唱词中体会到当地民众豁达的人生态度。不仅仅限于爱情这一主题，在表现生活之艰难和离别之痛苦时，创作者也总是很想得开，他们把好多不合理、不如意的事情看作是必然的，不做过多纠结与挣扎，反而更加相信生活的美好与未来的光明。

此外，许多鄂尔多斯蒙古族民歌中还蕴含着天、地、人共生的生态意识和生存理念，这一理念强调人与自然和谐共生。鄂尔多斯蒙古族人民用歌声赞美天地、草原、山河及动物等景物与生命体，表达了对自然、生活的热爱。歌声由心灵而发，与自然万物相感应，传播大爱，释放正能量，是天籁，也是"心籁"。

鄂尔多斯蒙古族民歌有自身固有的风格，同时也善于从其他民歌中汲取养分，故而始终保持着旺盛的生命力，并且有强大的更新能力。

鄂尔多斯民歌悠扬婉转、情感细腻，就像百花园中争芳斗妍的鲜花，散发着沁人心脾的清香。这些民歌记录了鄂尔多斯地区社会、历史、政治、经济、文化等方面的状况，折射出鄂尔多斯人民的思想意识，为历史学、民族学、艺术学等学科的研究提供了鲜活生动的第一手材料。

如今，鄂尔多斯绝大多数农牧民家里都有自制或购买的四胡、三弦、笛子、扬琴、蒙古筝等乐器，每个家庭成员既是歌手，又是乐手。劳动之时、放牧归来，朋友见面、家人团聚，大家都会尽情放歌。

鄂尔多斯大剧院

内蒙古广播合唱团下乡演出

第十一届中国舞蹈"荷花奖"民族民间舞金奖
获奖作品《爷爷们》演出照

短调民歌舞新意

鄂尔多斯素以"歌海""舞乡"著称。其中，鄂尔多斯民歌那清新明快的风格、诗画般的意境、热烈奔放的情调，使之如百花园中争芳吐艳的鲜花，飘溢着迷人的芳香。短调民歌作为鄂尔多斯民歌的重要组成部分，是鄂尔多斯文化艺术的集中体现。

鄂尔多斯短调民歌风格的形成可上溯到元代。与长调民歌不同，短调民歌结构短小、句法整齐、节奏明快、情绪欢快活泼、音乐形象鲜明、曲调优美动听。其旋律多以五声音阶构成，也有一些隐伏"商"音后留下四个音阶以构成旋律的作品，如《协布仁喇嘛》《阴山》等；以六声音阶构成旋律的歌曲也不少，如《森吉德玛》《山头》《西召》等；还有以七声音阶构成旋律的歌曲，如《巴音杭盖》等。在以六声音阶或七声音阶构成旋

律的歌曲中，"4"与"7"两个音多以经过音的形式出现。

鄂尔多斯短调民歌结构短小、节奏轻快、旋律优美的特点使其具有强烈的舞蹈性。鄂尔多斯人习惯把民歌当舞曲，边唱边舞。他们在喜庆节日、朋友相聚、喜迎宾客之时必定以歌祝酒、以舞助兴。鄂尔多斯人能歌善舞的艺术天赋，让

《爷爷们》演出照（一）

《爷爷们》演出照（二）

　　鄂尔多斯高原上的歌与舞如同并蒂花儿一般，同放异彩。

　　　第十一届中国舞蹈"荷花奖"民族民间舞金奖获奖作品
《爷爷们》，就是从鄂尔多斯短调民歌中获取灵感，在伴奏
乐曲和舞蹈编排中大胆创新的蒙古族群舞。作品展现了退休
之后的蒙古族爷爷们幸福有趣的生活场景。草原上的牧民爷

爷们在收音机里收听到党的十九大胜利召开的消息后，情不自禁地随着收音机里的音乐跳起舞来。他们身穿蒙古族服装，头戴前进帽，配上石头墨镜，在欢快的爵士乐和传统的民歌乐曲中回味了往日时光，展现了乐观向上的精神面貌，体现了不服老的积极心态，同时也生动反映出当代牧民物质生活与精神生活的富足，并含蓄巧妙地呼吁社会关爱老人。

《爷爷们》的首席舞者、编导阿格尔是一位来自内蒙古鄂尔多斯伊金霍洛旗的"90后"小伙。阿格尔从小生活在一个艺术氛围浓厚的家庭里，他的父母都曾是活跃在草原上的乌兰牧骑演员。阿格尔受妈妈的影响，很小便接触了蒙古舞。他直言自己学过很多舞种，但是最喜欢蒙古舞。他团队里的舞者们都是来自牧区的孩子，他们都有志于创作一些有内涵、有新意的蒙古舞，让蒙古舞传承下去，在国际舞台上大放异彩。

"我觉得舞蹈是有灵魂的艺术，绝不是单纯的四肢动作。它能通过人的肢体语言向大家传递内在情感、思想感悟，折射人生真谛。我在创作时最忌讳的就是复制别人、重复自己，这样创作出来的作品生命力更长久，更能带给观众难忘的审美体验。"阿格尔虽为"90后"，但是对舞蹈有着自己独到的见解。

舞蹈《爷爷们》的创作灵感来源于阿格尔生活中认识的一位牧民爷爷。小时候，阿格尔生活在牧区，邻居家有一位爷爷生性豁达、乐观潇洒，没事儿就到阿格尔家来找他的爷爷喝酒。推杯换盏之间，两位老人还热衷于探讨蒙古族走马、鄂尔多斯民歌等文化艺术，有时情绪上来，还会载歌载舞。老人可爱、善良、耿直、纯朴的品性一直影响着阿格尔。后来，邻居家的爷爷去世了，但是他的形象依然深深地印刻在阿格尔的脑海里。阿格尔一直想把这份记忆编排成一部舞蹈作品。

现在的大部分蒙古族舞剧都是比较悲情的，或是英雄史诗一类的，所以在创作过程中，阿格尔刻意避之，尝试着做了一些大胆的突破，编排了一些欢快的、能为大家传递正能量的舞蹈，希望一改往日观众们对蒙古族舞剧英雄式、史诗式宏大悲壮的印象。

在音乐和舞蹈表现形式上，阿格尔将爵士乐和鄂尔多斯民歌《玛奈蒙格乐》巧妙融合在一起，在传统的蒙古舞动作里加入了一些爵士舞动作，让舞蹈节奏变化更加明显。而且在整支舞蹈中，舞者们只用了传统蒙古舞中最基本的硬肩、抖肩动作，用最简单的肢体语言还原了对蒙古舞的最深刻表达。

为了让演员们精准呈现老爷爷的神态动作，阿格尔给他们放了假，让他们通过各种方式观察自己爷爷的神情体态，了解爷爷的内心世界。于是，这些演员们有的翻开老照片仔细回忆；有的拨通父亲的电话进行询问；有的还专门回了趟老家，与爷爷度过了一段亲情浓郁的温暖时光。

最终，他们借助拐杖、前进帽、胡须、石头墨镜等道具塑造出十三个截然不同的老爷爷形象。

舞台上，伴奏音乐在流行乐和民族乐之间不经意地切换着，道具拐杖时而变成自拍杆儿，时而变成拔河的绳子，时而又变成马头琴……每一位舞者都用独一无二、风趣灵动的表演表达着自己的初心，也让观众对蒙古族舞蹈有了全新的认识。

2017年，在第十一届中国舞蹈"荷花奖"民族民间舞评奖活动中，阿格尔带着他的团队——来自呼和浩特民族演艺集团的"80后""90后"舞者们，凭借舞蹈《爷爷们》摘下了素有"中国舞蹈界奥斯卡"之称的"荷花奖"金奖。

2018年，阿格尔团队创作的系列新作《爷爷奶奶们》迅速在网络上蹿红。这支年轻的团队之所以能"走红"，除了他们幽默、新颖的舞蹈表现形式外，还因为他们对于蒙古族传统文化突破性的传承与发扬，以及舞蹈本身反映出的蒙古族人民在中国特色社会主义新时代与全国各族人民团结一心，奋力开创中华民族伟大复兴光明前景的初心。

放歌草原

"古如"长风拂面来

"我们的骄傲始于祖先，珠宝的贵贱源于质地，为民的官吏就是国家的栋梁，圣洁的宫殿好比历史的见证……"当深藏于民间的艺术——古如歌庄重而唯美地响起时，蒙古族传统文化的气息扑面而来，仿佛置身于广袤辽阔的草原，在湛蓝无垠的天空勾勒出的亘古悠远的意境中，享受着纯天然的视听盛宴。

　　在绿草如茵的内蒙古鄂尔多斯大草原深处，有一个像绿宝石一样美丽的地方——杭锦旗。在杭锦旗1.8万平方公里的广袤大地上，传唱着一种成吉思汗时代流传下来的宫廷歌曲，那就是蒙古族长调最古老的形态——古如歌。

　　古如歌是蒙古民族唯一保存完整的古代宫廷歌曲，是宫

廷文化的重要组成部分，是国家级非物质文化遗产。它集中体现了古代蒙古宫廷礼仪音乐的独特风貌，堪称"蒙古音乐的活化石"。

古如歌也称"古如都"，古如"在蒙古语里有"国度""朝政""大众"之意。

古如歌产生于蒙古汗国时期，是蒙古皇室贵族在宫廷举行仪式时演唱的，它如库布齐大沙漠中的红柳，在历史的长河中顽强地生存下来。直到中华人民共和国成立以前，杭锦旗的王爷府内还有古代宫廷的乐队编制以及演唱古如歌的艺人，后来，这些艺人散落在草原大漠深处，成为今天古如歌的主要传承人。

鄂尔多斯文化产业园一景

乌兰牧骑队员深入牧区表演

　　古如歌旋律缓而不拖、慢而不沓，充满苍凉之美、空灵之美和悲壮之美。

　　古如歌内容正统、主题严肃，表达了蒙古族人民在漫长的历史变迁中对人生的感悟和祈求，集中展示了古代蒙古宫廷礼仪音乐习俗，是蒙古族古典音乐的精品。

　　从目前整理出来的古如歌的内容来看，有以歌颂国政、皇帝、英雄事迹等为主题的，如《宝日陶海之花》："宝日陶海之花随风摇晃，圣主成吉思汗赞不绝口，花的世界草的海，成吉思汗子孙事事顺意"；有以赞美家乡壮丽山河、感恩父母为主题的，如《高高的吉米梁》："乌云弥漫的是高

高的吉米梁，时刻思念的是父母两人，最好的营地是那半山梁，最亲的人就是父亲与母亲"；有以赞颂草原骏马为主题的，如《雪白的骏马》："白马的故乡是广袤的草原，白马的主人是我们的将军，头上的笼头被纯银镶嵌，背上的鞍子由檀木雕刻"；还有以藏传佛教为内容的，如《上都河》："上都河的上游，屹立着一座大庙，要是有人来问我，我就可以指点他，庙是占加活佛庙，塔是占加活佛塔，马是占加活佛的马，一切都归占加活佛"。

古如歌的思想性体现在说教方面，很多曲目都反映出当时社会人们的价值观念、审美情趣、思维方式，对规范人、教育人、引导人、激励人有积极意义。

古如歌既不同于蒙古长调，也不同于蒙古短调，它的博大肃穆是由演唱形式决定的。古如歌一般都在隆重而盛大的仪式上演唱，演唱时，歌者着盛装，或站立或端坐，同时以单旋律齐唱形式展现粗犷苍劲的风格，气势恢宏。古如歌不能随意吟唱，不能中途停止。古如歌由优美华丽的羽调式图日勒格（引子）开场，唱腔由四句式构成，节奏自由缓慢、字少腔多、音域宽广、曲调高亢悠长。虽然没有固定节拍，但唱词固定，不能有任何修饰及更改。图日勒格后接三首古如歌主歌，主歌采用四行歌词的民间诗歌形式，由多段体组成，这也是区别于图日勒格四句式一段体的最大特征。最后回到刚健、明快的宫调式图日勒格，演唱结束。

古如歌，是宫廷之歌，是浓缩的历史、传承的历史、唱出来的历史。

古如歌的魅力在于，即便你听不懂歌中的唱词，单是聆听旋律，也会肃然起敬，也会心有所动。

古如歌的价值不仅体现在音乐学、文艺学和语言学方面，而且也体现在人类学、民族学和民俗学方面，是蒙古族古典音乐的经典和"活化石"。

古如歌主要在蒙古国和我国内蒙古自治区鄂尔多斯市杭锦旗传唱，在蒙古国，古如歌的活态传承已经基本终结，其原生态演唱现仅流传于我国杭锦旗沿河一带，以独贵塔拉镇、吉日嘎朗图镇为多，梁外原白音恩格苏木靠近沿河地区也有部分流传。

为了更好地保护、传承、发展这一古老的艺术，杭锦旗从 1979 年开始抢救性挖掘、整理古如歌：走家串户，搜集、整理、记录古如歌曲目；每年有计划地回访传唱人；成立了杭锦旗古如歌研究协会；成功申报古日巴斯尔为内蒙古自治区级古如歌传承人；成立了杭锦旗蒙古族中学等五个传承基地。通过进一步的抢救、保护及创新、发展，古如歌再一次绽放出独特的魅力。

2008 年，古如歌被列入第二批国家级非物质文化遗产代表性项目名录。同年，杭锦旗古如歌被内蒙古师范大学、中央音乐学院等高等院校列为学院科研教学内容。

2013 年，杭锦旗被中国民间文艺家协会授予"中国古如歌之乡"称号。

草原上的"红色文艺轻骑兵"

民歌经典秀天音

在鄂尔多斯蒙古族短调民歌中，有相当一部分作品是反映爱情的，其中既有赞美、歌颂爱情的，也有表达爱情失意后惆怅的情绪的。这些情歌用最贴切、最美妙的比喻来表现男女双方彼此倾慕、彼此思念、你侬我侬的情感生活。

鄂尔多斯蒙古族短调民歌中的情歌热情洋溢、优美动听，

其以鲜明的色彩、清新的格调、质朴的情感为特色，让人听了难以忘怀。

《森吉德玛》从音乐结构、音调特征、节奏类型到调式关系都充分体现了鄂尔多斯蒙古族短调情歌的艺术之美。

传说很久以前，有一位美丽的蒙古族姑娘名叫森吉德玛，

第十二届中国舞蹈"荷花奖"民族民间舞金奖获奖作品《黑缎子坎肩》演出照

火不思

她爱上了一个勤劳勇敢的蒙古族青年男子。可是，他们的爱情不幸受阻，森吉德玛被迫远嫁给一位王爷。青年男子日夜思念着森吉德玛，常常远道而来在她的屋旁留恋徘徊，但二人始终无法相见。终于有一天，他们冲破重重阻碍相见了，但抗拒王爷逼婚的森吉德玛因绝食多日昏死在爱人的怀抱中。据说《森吉德玛》这首鄂尔多斯蒙古族短调民歌的歌词就是这位青年男子所写。悲痛欲绝的男子在回家途中边走边唱，一路把歌词写在道旁的石头上、树上和旅店的墙壁上，最后跳崖自尽，以身殉情。

这首蒙古族民歌运用一系列生动的比喻描绘了森吉德玛的美貌，也赞扬了青年与森吉德玛之间坚贞不渝的爱情。

《森吉德玛》全曲旋律从容徐缓，以第一个乐句为种子音调，曲调时而高亢激昂，好似青年在高声呼唤，时而低回婉转，犹如低声泣诉，最后以副歌式的、具有概括性的附加式曲尾衬腔结束，既表达了青年男子布日古德对森吉德玛的思念之情，又渲染了孤独、凄凉的意境。

创作于18世纪初的鄂尔多斯民歌《黑缎子坎肩》，也是通过优美舒展的曲调和细腻深刻的情感表达讲述了一段令人悲伤的爱情故事。

美丽多情的姑娘萨仁有一个青梅竹马的爱人——英武彪悍的猎场头领库鹿格。库鹿格的哥哥是个喇嘛，在去往孟克召的途中不幸遇难。于是，哈然扎兰（代表旗札萨克管理所属百姓的主要长官）命令库鹿格出家，以替补他哥哥留下的经堂空缺。就这样，这对鸳鸯硬是被拆散了。萨仁悲痛不已，正在缝制的黑缎子坎肩也无人可送了。

当萨仁深陷在爱情失意的痛苦中不能自拔时，库父、库母将刚成年的三儿子库日乐带到萨仁母女面前，以父母之命强加给库日乐和萨仁一段并不属于他们的爱情。在长时间的共同生活中，库日乐、萨仁心中慢慢燃起爱的火苗。

当萨仁准备接纳库日乐的时候，哈然扎兰又令库日乐去服兵役，

马头琴

无奈之下，萨仁就将已经缝好的黑缎子坎肩作为信物送给了库日乐，期待着他服完兵役后履行婚约。

然而，没过多久，库日乐战死沙场的消息就传了回来，黑缎子坎肩也被送了回来。

萨仁悲痛欲绝，发誓要嫁给库日乐家的马桩子或铜勺子。年迈的库父、库母既为失去第二个儿子而难过，也为这个未进门的儿媳妇感到发愁，最后只得再出一招——请求哈然扎兰让出了家的库鹿格还俗，回家与萨仁成亲。

或是为了救赎，或是出于怜悯，出家的库鹿格被允许回家"传宗接代"，萨仁因此与旧情人破镜重圆。于是，两家张罗着给两位新人举办了一场很体面的婚礼。可是举行完婚礼仪式，到了两位新人并枕头的时候，出家三年、深得黄教教义的库鹿格看到脱去衣裳的萨仁的肉身后，忽觉自己不该破了佛家戒律，于是重新披上已经脱掉的袈裟告辞而去。最终，库鹿格成为精神上的"阉人"，萨仁成为寡妇，她亲手缝制的那件黑缎子坎肩始终也没能送出手。

从此，一首凄婉的《黑缎子坎肩》在鄂尔多斯大地传唱开来。

> 黑黑哟缎子哟坎肩呀嗬
>
> 是在夜里为你精心缝的哟
>
> 月光下油灯旁留下我身影
>
> 针针线线连着我的心
>
> 哎哟我的情郎
>
> 背弃我怎么办呀

黄河几字弯 乡音

哎哟我的情郎

背弃我怎么办呀

水红哟缎子哟坎肩呀嗬

是在夜里为你精心缝的哟

早知道你变了心抛弃我哟

可惜了我那一片真情

哎哟我的情郎

背弃我怎么办呀

哎哟我的情郎

背弃我怎么办呀

……

　　2018 年，鄂尔多斯民族歌舞剧院青年舞者朝鲁门巴特尔、娜仁图娜拉对传统民歌《黑缎子坎肩》进行了一次全新的创作和演绎，突出了欢乐的部分，通过音乐节奏和舞蹈演员的肢体动作，表达了女子为心爱之人缝制坎肩的喜悦之情。欢快的节奏、激昂的音乐，再加上舞蹈演员们夸张的动作和生动的表情，让不少观众在熟悉的旋律中感受到蒙古族舞蹈的魅力。

　　2018 年 9 月，《黑缎子坎肩》荣获第五届中国蒙古舞大赛表演奖金奖、编导奖银奖。

　　2019 年 8 月，由鄂尔多斯市直属乌兰牧骑选送的舞蹈作品《黑缎子坎肩》获第十二届中国舞蹈"荷花奖"民族民间舞金奖。

真情在歌声中传递

民歌声声乡音浓

三弦

　　乌拉特部是蒙古族的重要部落。"乌拉特"为蒙古语,意为"能工巧匠"。这一部落在古代主要承担着为战争、生产、生活制作蒙古包、车具、武器等的职能。乌拉特部落最初游牧于石勒喀河、额尔古纳河一带,后于清顺治年间迁徙至阴山西段的南北草原上。乌拉特蒙古族人把游牧文化的种子播撒在了这片草原上,使其与兼容并包的河套文化碰撞、融合,为河套文化增添了一抹异彩。

　　在历史演变过程中,乌拉特部不但继承和发展了蒙古族游牧文化,而且形成了独具特色的地域文化,其中的音乐在蒙古族音乐中占有一席之地,特别是乌拉特民歌,已被列入国家级非物质文化遗产代表性项目名录。

　　乌拉特蒙古部最初是科尔沁部的一个分支。因此，乌拉特民歌与科尔沁民歌有着深远的联系。如科尔沁民歌《阿日达格钦柏》和乌拉特民歌《布荣汗的布日嘎斯》虽在两个相距千里的地区传唱，但其在内容与形式上有相似之处。

　　从呼伦贝尔草原迁徙至阴山西段的南北草原后，乌拉特蒙古部族的民间文化也流传到内蒙古西部地区。在这里，乌拉特蒙古部族与隔河相居的鄂尔多斯蒙古部族的民间文化长期交融，产生了许多音乐特征相似的民歌。如鄂尔多斯民歌《赛日宝利格》和《格鲁赛亨》至今都在乌拉特蒙古族群众中广为传唱。

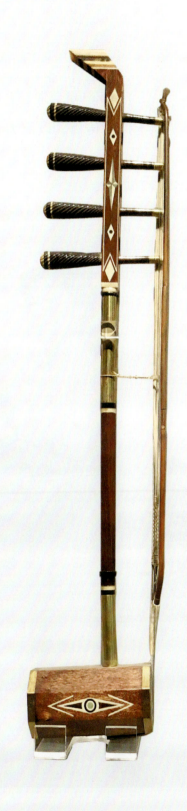

四胡

18 世纪初，随着各大庙宇的兴建，藏传佛教在乌拉特草原上广泛传播，以梅力更召为代表的佛教圣地成为孕育政教颂歌的摇篮。为了更好地传播藏传佛教，一些高僧喇嘛利用

民歌这一具有特殊影响力、感染力、渗透力的传播载体，将宗教理念写入歌中以影响民众的精神世界。

　　创作于古代的八十一首乌拉特长调民歌，均出自梅力更

乌兰牧骑队员下乡表演

召活佛之手。这些长调民歌以宣扬佛教理念，赞扬喇嘛僧徒、达官贵人及父母恩德为主，往往具有深刻的哲学内涵。这类内容在其他地区的民歌中是罕见的。

近代以来，乌拉特民歌以长短调结合成特殊旋律的唱腔。长调民歌结构比较自由，各乐句之间的小节数不尽相同，节奏自由多变；短调民歌结构较规整，乐句之间大体一致，旋律欢快愉悦，曲调刚健有力，内容叙述性强。

中华人民共和国成立后，当地蒙古族生产生活方式的改变使得乌拉特民歌赖以生存的环境发生了变化。传统的乌拉特民歌在正式场合的演唱曲目与顺序安排有严格的规定，但随着婚礼等民俗仪式的简化，乌拉特民歌有很多曲目已被取代或淡忘，年轻一代熟悉民歌演唱习俗者寥寥无几。

可喜的是，非物质文化遗产保护活动的推行，让本已淡出大众视野的乌拉特民歌重新焕发活力。现如今，有的蒙古族婚礼会有偿邀请乌拉特民歌传承人或民间歌手演唱传统的乌拉特民歌，虽然表演方式有变化，但也切切实实体现出非遗保护的成效。

乌拉特蒙古族人的酒席上，什么时候唱什么歌有严格规定。在比较严肃的酒席上，开头要唱著名的《三福》长调，五组轮回，一组三首，每首歌曲后面加唱"衬歌"，以保证歌曲的完整性。《阿拉腾杭盖》是酒席上最后演唱的歌曲，只要唱了这首歌，就得散席了。中间的歌曲有时可以调换，但是在内容上必须选择相同的具有较强佛学内涵的歌曲。

《鸿雁》是乌拉特民歌的经典曲目之一，在其凄婉的旋律中，人们仿佛能看到一望无际的大草原，能感受到在草原上空久久徘徊的大雁留恋不舍的真情。这首歌旋律舒缓悠扬，借鸿雁这一形象把乌拉特蒙古族人对家乡的眷恋和热爱表达得感人至深。如泣如诉的歌声除了让人有置身辽远的草原之中的苍凉之感，更平添了些许思恋家乡的淡淡忧伤。

其他民歌，诸如《赛勒泉》《乌拉特旗礼德美》《辽阔美丽的杭盖》《三匹枣骝马》等，也一直在乌拉特草原上传唱，这些优美的旋律，如春风般吹拂着乌拉特人的心灵，像细雨般滋润着乌拉特人的心田。

鸿雁

鸿雁声声"天边恋"

蒙古族说唱表演（一）

鸿雁天空上

对对排成行

江水长秋草黄

草原上琴声忧伤

鸿雁向南方

飞过芦苇荡

天苍茫雁何往

心中是北方家乡

天苍茫雁何往

心中是北方家乡

鸿雁北归还

带上我的思念

歌声远琴声长

草原上春意暖

鸿雁向苍天

天空有多遥远

酒喝干再斟满

今夜不醉不还

酒喝干再斟满

今夜不醉不还

……

"酒喝干再斟满",饮下的是年华,沉淀的是永不辜负的真情。

乌拉特草原上的游子们不管走到哪里,每每听到这首《鸿雁》,总会有一种沉积在胸的情感喷涌而出,那情感是对家乡故土的思念,是对那些陪伴自己成长的人和岁月的思念,也是对心中牵系着的那个人的思恋。

康熙五十六年（1717年）的一个秋日，呼勒斯太苏木的一个牧民家中，一个男婴呱呱坠地。这个男婴就是梅日根巴特尔——后来的梅力更召三世活佛。

康熙六十一年（1722年），五岁的梅日根巴特尔被认定为梅力更召二世活佛转世灵童。于是，梅日根巴特尔被请到梅力更召坐床继位，取法名罗布森丹碧佳拉森，并被封为梅力更召葛根（住持）。

从此，罗布森丹碧佳拉森走上了辉煌的人生旅途。他学习并掌握了蒙古文、藏文、梵文、满文、汉文、朝鲜文、维吾尔文及印度、尼泊尔、阿富汗、哈萨克斯坦等国的语言文字和佛教经典。但是在多年的学习、游历中，他始终思念和牵挂着他的亲人。

据传，罗布森丹碧佳拉森的妹妹远嫁到黄河南岸的鄂尔多斯地区。现在看来，距离并不算远，可在当时的交通和通信条件下，却是路途遥遥。兄妹二人只能用书信传递思念之情。但妹妹不会写字，一封信辗转传递，找人念，找人写，十分费事。

妹妹浓烈的思乡情绪令婆婆十分不满。时间一长，婆媳关系有些紧张。妹妹只能悄悄托人把心中的哀怨与惆怅写成书信，诉予哥哥罗布森丹碧佳拉森。哥哥劝慰妹妹要学会忍耐，多与家人沟通，妥善处理婆媳关系，保重身体。

兄妹二人的书信就好似鸿雁，南来北往、秋去春归……

有一年，妹妹与丈夫带着孩子回娘家探亲。路途中，妹妹想要上山去寺庙里看望哥哥。西公旗王爷得知消息后，就把妹妹一行安排到王府内居住和款待，并派人传信，邀请活佛下山小聚。活佛准时赴宴，见到妹妹后心情十分复杂——多年不见，他自然希望妹妹留下来好好叙叙旧，但一想到父母也在忍受思念的煎熬，又希望妹妹早点回去。

酒过三巡，王爷盛情邀请活佛抚琴歌唱，活佛也未推辞，即兴创作新歌一首，名为《鸿嘎鲁》。

活佛情不自禁地弹拨着琴弦，一遍又一遍纵情地歌唱着，亲情如潮水一般随着琴声、歌声奔涌而出，汇成思念的海洋……

白天鹅漫游苇湖深处

众亲友聚会酒席宴前

相互祝愿，诚心一片

举杯共饮，情谊不变

……

这首歌曲饱含了活佛对妹妹一家的关爱、对西公旗王爷的感谢以及对亲人重逢的珍视与不舍。这曲悠扬、苍凉、高亢且极具感染力的长调，感人至深，令人回味无穷，也将宴席推向了高潮。此后，《鸿嘎鲁》作为宴席歌曲在民间广为传唱。据说妹妹的婆婆听到这首歌曲后，也备受感动，与妹妹冰释前嫌、和睦相处。

乾隆三十一年（1766年）五月初一，第三世活佛罗布森丹碧佳拉森在梅力更召圆寂，享年四十九岁。

和《鸿雁》一样，《天边的爱恋》也是传唱于乌拉特草原的一首民歌，是乌拉特蒙古族宴会上经常演唱的歌，这首歌讲述的凄婉的爱情故事同样感人肺腑。

20世纪30年代，乌拉特草原上有位民间歌手叫浩毕力琪琪格，她貌美如花，歌声甜美。一次宴会上，浩毕力琪琪格结识了西公旗左协理派驻中公旗的官员色仁宝。色仁宝生得高大威猛，与浩毕力琪琪格一见钟情，二人相依相恋三年。后来，色仁宝因卷入西公旗蒙古族贵族内部争斗而被发配到锡林郭勒草原。临行前，他对心上人浩毕力琪琪格说："等着我，我一定回来娶你！"浩毕力琪琪格依依不舍地目送心上人离自己而去……

经过漫长的等待后，浩毕力琪琪格忍不住想：草原那么辽阔，锡林郭勒草原离乌拉特草原几千里，怎么才能让心上人知道我还在等他呢？三年后，尝尽了相思之苦的浩毕力琪琪格将家中值钱的东西全部变卖，给家里唯一的一匹好马打制了一副银马鞍、银马镫、银嚼子，将其送到乌拉特草原的千里庙，并向桑杰喇嘛讲述了自己对心上人的思念之情，请桑杰喇嘛为她写首歌，让这首歌在草原上传唱起来。她想，她的心上人要是听到了这首歌，一定会来找她。

民国二十七年（1938年），由桑杰喇嘛作词、浩毕力琪琪格演唱的蒙古语歌曲《青克日查干乌勒》在乌拉特草原传唱开来。这首歌在广阔的草原上流传开来，甚至传到了蒙古国，可浩毕力琪琪格始终没有等来心上人，直到1984年离世，她也没能再见上心上人一面。

其实早在民国三十年（1941年），色仁宝就已经从锡林郭勒草原回到乌拉特草原，只是回来后没多久就去世了，没来得及见上浩毕力琪琪格一面。而浩毕力琪琪格不知道心上人已经离世，终身未嫁，她一生都在唱这首歌曲，等待着心上人归来……

原创音乐人潘浩东，这个出生在乌拉特草原、放牧放到十九岁、天天在草原上歌唱的人，

蒙古族说唱表演（二）

听说并了解了浩毕力琪琪格的爱情故事后，深受感动，随即便为《青克日查干乌勒》这首民歌写下一段汉语歌词，并将其改编为二重唱的形式。他说，这样可以让浩毕力琪琪格的心上人出现在音乐中，让歌曲更具画面感。

这便是《天边的爱恋》这首歌的由来。

天边飘落洁白的云朵

微风吹痛我的心窝

吹落天上绵绵细雨

吹不来我梦中哥哥

天边飘落七彩的云朵

细雨淋湿我的心窝

淋落枝头娇艳花朵

淋不灭我爱情的火

天边飘落吉祥的云朵

心中唱起思念的歌

真心相爱梦中的哥哥

你怎么舍得我

……

额吉的羊羔

"呔咕呔咕"劝奶歌

抱着羊羔的牧民（一）

每年春天，牧民都会迎来最为繁忙的产羔季，其时，无论是在古老的鄂尔多斯高原，还是在广袤的阿拉善荒漠草原，总会听到阵阵"哝咕哝咕"的劝奶声。

这就是草原上最为古老的哝咕歌，它是广泛流传于我国内蒙古、新疆、青海等地以及蒙古国的一种劳动习俗歌，又称劝奶歌、哄羊调或哄驼调等。最早的哝咕歌一般是在母绵羊、母骆驼亲生羔仔死后，牧民妇女哄劝母绵羊、母骆驼给被遗弃的或者别的羔子喂奶时，反复吟唱的一段柔和的曲调，一种没有具体内容的歌，其歌词一般为"哝咕""唏咕"或者"嘟嘶"等没有实际意义的词语的简单重复，曲式简单，旋律单调平直。

据说，很久很久以前，有一个卫拉特蒙古部的猎手射死了一只母狼，他把小狼崽带回了家。小狼崽没有奶吃，眼看就要饿死了，猎人的母亲于是找来一只母羊给它喂奶，可母羊不肯给这只小狼喂奶，猎人的母亲就唱起了劝奶歌。小狼长大以后离开了猎人家，几年都没有音信。一天夜晚，一个狼群袭击了猎人家的羊群，但有一只狼站在羊群和狼群中间，保护着羊群。猎人的母亲认出了这只狼，它就是那只被母羊奶大的狼，于是她又唱起了劝奶歌。不想，所有的狼都安静下来，静静地听着，最后呜咽着离开了羊群。从那以后，猎人放下弓箭，不再打猎了，这里也再没有出现过那只狼和狼群。

劝奶歌由谁创作，成于什么年代，没人知道，只是一代代传唱着，一直唱到今天。

据牧民们讲："有了牛羊就有了劝奶歌。"现在的一些老牧民所吟唱的劝奶歌都是从祖辈那里学来的。有一位老额吉（母亲）这样说："母亲唱的呔咕歌很高很高（指音的高低），气（指气息）也很长。她一边唱歌，一边和羊说着话（告诫母羊不要抛弃自己的骨肉，不要忘记母亲的责任），直到母羊

抱着羊羔的牧民（二）

抱着羊羔的牧民（三）

变得温顺了，奶水充足了，羔羊吃饱为止。"

用歌声感化牲畜是蒙古族纯朴的民风。

到了接羔的季节，总有一些母羊会丢弃自己的孩子，那些母羊对自己生的小羔羊又踢又蹬，不给小羊羔喂奶。这个时候，一些老额吉就会来到羊圈前，用木棍敲击着围栏，唱起劝奶歌。

老额吉从早晨唱到黄昏，希望用歌声唤起母羊的母爱。那哀婉动听的歌声使母羊渐渐安静下来，它们好似在回想刚刚经历的生产之痛，不知不觉中，眼里流出泪水，并呻吟着回头召唤自己的孩子，把乳头伸向小羊的嘴边。小羊羔顺势伏在妈妈的乳房上，尽情地吸吮起来。

母羊产羔时有闻舔羔羊的本能，它们以舔食到的味道来识别自己的羔羊。但是过去由于饲养牲畜的条件差，羔羊与母羊要隔离饲养，羔羊身上的味道相互混杂，当母羊再次哺乳时，羔羊身上的异味会使母羊错判而厌弃它。

如果夏、秋两季遭遇干旱，草长得不好，母羊就得不到足够的营养，也会产生厌羔情绪而将羔羊用头或角顶倒在地，或躲避哺乳。遇此情景，牧羊人并不会用鞭子抽打母羊，而是会唱起深情的劝奶歌帮助羔羊渡过难关。

劝奶歌哀婉动听，感动着天地，也感动着所有的母亲和生灵，所有听过劝奶歌的人都会流泪。

草原有五畜，牛、马、骆驼、羊（绵羊和山羊）。五畜之中，感情最丰富的是牛和骆驼。牛能哭能笑，但轻易不会表现出来。骆驼则很容易掉泪，而且爱吃糖，爱听音乐，尤其爱听长调民歌，常常听着听着就潸然泪下。

在阿拉善，牧民欲让母驼认养驼羔，就把驼羔拴在母驼跟前，给它们唱长调民歌或吹笛子。初时，母驼无动于衷，甚至会踢咬个别驼羔，听着听着，母驼就会安静下来，双目落泪，开始接纳它们的孩子。

有的牧民遇到母驼抛弃驼羔的情况时，会在月亮出来的时候让驼羔卧在门口，然后把母驼的缰绳挂在手指上，给它哼唱蒙古族英雄史诗《江格尔》，唱着唱着，母驼的双眼就会流下大滴大滴的眼泪，然后自动来到驼羔跟前，闻嗅着奶起驼羔来。

有的人家人手不够，就会在母驼头前绑把胡琴，风吹琴弦，发出乐音，每每都会使母驼心肠变软，掉着大滴大滴的眼泪来找自己的羔仔，如果在它奶羔时再喂一把糖，它就会越发恋羔了。

还有一些牧民在母驼嫌弃驼羔的时候就把它们拴起来，请来专门的说书艺人给它们说唱《玉点母驼的白孤羔》。说唱到最后时，情绪高昂的说书艺人会一边拉着胡琴一边吟唱：

啊呀可怜

扫平了仇敌

夺得了神圣的名号

镇压了鬼魅

博得了英雄的称号

成为十万峰驼群的头驼……

这只孤独的雪白驼羔

有过那么光荣的历史

母驼呀母驼

你怎么能把它不要

啊呀可怜

嘟嘶嘟嘶嘟嘶

……

对牛弹琴，为驼唱歌，往往是对某些人愚蠢行为的讥讽，但在草原上却起到了意想不到的效果。牧民们认为，母畜和人类的母亲一样，内心潜藏着深沉的母爱，只要把母爱激发出来，它们就会认领自己的羔子。牧民们认为音乐就能起到这种效果，能使人和畜心灵相通。

千百年来，牧民们爱护草原、爱护牛羊就像爱护自己的儿女一样。古老的劝奶歌，就是乳汁般纯洁的母爱的真情流露。

但是劝奶歌不仅仅是唱给牲畜听的，也是劳动者自唱自听的歌曲。了解对羔这一劳动习俗的人都知道，让一只抛弃自己幼羔的母畜重新认领幼羔或者让一只死去幼羔的母畜认领别的幼羔并不是旋即就会见效的事情，牧民往往要守候半天甚至更长的时间才能促成。在旷野上，当圈栏旁的牧民妇女搂抱着对奶的母畜和幼羔长时间跪坐在草地上时，不但会产生忧烦焦躁的情绪，身体也会筋疲力尽。劝奶歌虽然不像劳动号子那样具有明显的律动，但是它和对羔的劳动节奏有着一致性，能够微妙地起到调节劳动者情绪的作用。

呔咕、呔咕、呔咕……母爱无边，大爱无言！

托布秀尔演奏

托布秀尔与萨吾尔登

　　托布秀尔是卫拉特蒙古部的传统乐器。

　　托布秀尔的来历已经无证可考，只有一段传说流传下来。很久以前的一天，一个放羊的土尔扈特蒙古部族小伙子把羊群赶上山后，坐在一棵大树下休息，他发现风吹动树干上那个大洞口挂着的几缕马尾毛时，发出了呜呜的声音。他既惊奇又兴奋，于是砍来树木做了一个音箱，挂上马尾弦，做成了一把自己喜爱的乐器，取名托布秀尔。随着时代的发展，托布秀尔也在生产劳动中有所改进、有所发展。

　　托布秀尔和哈萨克族民间流行的冬不拉、柯尔克孜族民间流行的库木孜、锡伯族民间流行的东布尔等都可以被视作我国古代北方游牧民族用的木质短颈拨弦乐器的"后裔"，但在形制和演奏方法上，托布秀尔又有着鲜明的特色。

　　在民间，有几十种甚至上百种曲子是用托布秀尔弹奏的，后因战乱大多失传。现在，生活在牧区的老人也鲜有会弹奏这种乐器的了，大部分人甚至对其闻所未闻。

据了解，目前有人会弹奏的托布秀尔曲子只有八首。

2007年，由阿拉善盟民族歌舞团十位演员参与演奏的《托布秀尔弹唱》被搬上了当年的内蒙古春节联欢晚会舞台，后录制成光盘被选送到中央电视台八套播出。

蒙古族人是热情奔放的，他们常常聚在一起，以歌言志，以舞传情。

说到托布秀尔，就不得不说萨吾尔登。流行于新疆蒙古族居住区的萨吾尔登是伴随托布秀尔产生的舞蹈。

关于"萨吾尔登"，有很多种说法：一说是形容一种马步；一说是弹奏托布秀尔时，手来回甩动的样子；一说是由蒙古语"萨吾那"而来，意为马的头上下不停地弹动，"登"是弹奏托布秀尔时发出的"噔噔"声，两词合而为一就是萨吾尔登；等等。萨吾尔登既是新疆地区蒙古族民间舞曲和歌舞曲的曲牌名称，同时又是其民

木雕彩绘龙首、羊首托布秀尔

间舞蹈的统称，舞种非常丰富，其中，乌如克特可萨吾尔登是最具特色的一种。

　　蒙古语中的"乌如克"是灰褐色的意思，"特可"是公山羊的意思。关于乌如克特可萨吾尔登，有一个这样的传说：相传很久以前，有一个残忍刻薄的可汗。一天，可汗带着大臣和射手们打猎，途中遇到了一群野黄羊，于是大家纷纷张弓搭箭，射猎黄羊。可是，这群野黄羊就像和他们作对似的，可汗和他的部下用尽力气，都

萨吾尔登演出照（一）

快把箭囊里的箭射完了，也没有射到其中任何一只，而且这些野黄羊像是故意戏弄他们似的，就在可汗和猎手们看得见的地方跳来跳去。可汗非常生气，下了死命令：谁要是再射不中这些野黄羊，就模仿野黄羊的动作跳舞，不跳就杀头，跳得好的可以得到牲畜、金钱等奖赏。于是，一些大臣放弃射猎黄羊，而是模仿黄羊跳跃的样子跳起舞来。这样一来，可汗更生气了，认为大臣们故意逃避射猎，所以一连杀死了好几个人。这时，队伍中一个少年弹起了手中的托布秀尔，不料，远处的黄羊们竟随着托布秀尔的琴声跳跃起来，一直跳到跳不动为止。可汗手下的大臣和射手们借机轻松地捕获了所有黄羊。可汗因此给了少年很多赏赐。

马，是萨吾尔登表现的主要对象。舞者双肩强烈地震颤，原地绕圈，好似骏马在草原上肆意奔驰；又或双肩细碎地抖动，好似马儿在草原上漫步。即使只是原地而舞，没有大跳跃和奔跑，观众也能感受到舞者用肢体传递

萨吾尔登演出照（二）

出来的信息。当舞蹈表演进入高潮时，乐手们更加投入，在快速地弹奏中不时地模拟马的嘶鸣声，把围坐在毡帐内的人们的思绪引向辽阔的蓝天、无垠的绿野……

此外，萨尔吾登还有许多模仿草原生活场景的舞姿，惟妙惟肖。舞者随着乐曲的变化自由舞动，或做挤奶的动作，或做擀毡的动作，或做揉肩、轻抖肩以及下腰、扬手揉臂等优美的动作，表达她们对草原美好生活的热爱……

　　萨吾尔登中还有大量模仿宗教仪式的舞蹈动作，例如祈福、跪拜等。

　　2014年，经国务院批准，由新疆维吾尔自治区博尔塔拉蒙古自治州申报的蒙古族托布秀尔音乐作为新增项目被列入第四批国家级非物质文化遗产代表性项目名录。2021年，经国务院批准，由内蒙古自治区阿拉善盟额济纳旗申报的萨吾尔登作为扩展项目被列入第五批国家级非物质文化遗产代表性项目名录。

　　托布秀尔与萨吾尔登是薪火相传的蒙古族文化的组成部分，是独具特色的重要文化遗产。在国际文化交流日益深入与中华文化百花齐放的大背景下，托布秀尔和萨吾尔登这两种艺术形式也应紧随时代前进的步伐，创新发展。

草原牧歌情浓调长

长调民歌震寰宇

蒙古族民歌在相当长的历史时期内，一直是蒙古族音乐文化的基础，也是蒙古族整个文学艺术的主流。

流传于阿拉善地区的蒙古族民歌具有独特的风格，其唱词质朴无华、通俗易懂，曲调简洁流畅、不拘一格，以大调为主、大小调混合为辅。阿拉善浩瀚的巴丹吉林沙漠和广袤的戈壁，为蒙古族民歌的形成与发展提供了深厚的土壤和广阔的空间。

阿拉善地区传统的蒙古族民歌根据旋律的长短，可分为长调民歌和短调民歌两种。

过去，阿拉善地区有一个风俗，就是在重要的宴席或婚礼宴会上，不允许唱短调民歌，因为短调民歌中有一些歌是

蒙古族长调民歌合唱

带有讽刺、挖苦色彩的，有的还讽刺了喇嘛、贵族，所以在隆重的正式的场合，唱短调民歌是一种忌讳。后来，随着时代的变迁，人们的思想意识也逐渐转变，内容积极向上的短调民歌也逐渐被搬上宴会舞台。

蒙古族长调民歌具有鲜明的游牧文化和地域文化特征，旋律悠长舒缓，意境开阔，述说着蒙古民族对历史文化、人文习俗、道德哲学和文学艺术的感悟。

2005 年，我国与蒙古国联合申报的蒙古族长调民歌入选联合国教科文组织第三批"人类口头和非物质遗产代表作"。2006 年，内蒙古自治区申报的蒙古族长调民歌，经国务院批准，列入第一批国家级非物质文化遗产代表性项目名录。

阿拉善地区的蒙古族长调民歌最大的魅力在于，它是最贴近自然的一种音乐，是人与自然和谐共生的产物，它自由流畅、悠长舒缓的旋律，将人们热爱生活、热爱和平、热爱自然、崇尚真理的美好愿望和高尚情操表达得生动且真挚。

阿拉善地区的蒙古族长调民歌内容丰富，涵盖了迎客、敬酒、送客、娶亲、嫁女等多个方面，表达了思念、祝愿、赞美等多种思

蒙古族长调民歌独唱

　　想感情。歌词有较强的哲理性，主要表达了对祖先的崇拜、对故土的依恋和对大自然的赞美之情，突出体现了天地和谐、团结友善、勤奋向上的主题思想。

　　阿拉善地区的蒙古族长调民歌比较完整地保留了蒙古族

民歌的五声调式风格，旋律悠长舒缓。而且，通常唱完一首歌后，大家还会齐唱副歌以烘托气氛。

《富饶辽阔的阿拉善》是阿拉善最具代表性的民歌之一。2007 年 10 月，《富饶辽阔的阿拉善》与其他列入世界非物

碧蓝"明镜"与浩瀚"沙海"

　　质文化遗产名录的我国传统曲目和长期以来广为流传、百姓耳熟能详的二十九首经典曲目，被我国自主研制的第一个月球探测器——"嫦娥一号"卫星"送"上太空，并在太空唱响，成为真正的"天籁之音"。

　　《富饶辽阔的阿拉善》是阿拉善地区的古老民歌，位居阿拉善八大长调民歌之首，是和硕特蒙古部初到阿拉善定居时创作的歌曲，初衷为安抚人心、凝聚意志。

　　阿拉善蒙古族歌者通过咏物抒情，表达着自己对家乡的热爱、对故土和亲人的思念之情。

　　"苍天舞动阿妈的彩虹，风声诉说千年的故事。辽阔大漠深沉的起伏里，故乡绽放瑰丽的容颜。"怀念故乡是歌曲永恒的主题，游子们满怀深情地歌唱故乡，为的是让孤独的心灵得到慰藉。

　　歌唱父亲和母亲的养育之恩，也是蒙古族民歌永恒的主题之一。在阿拉善蒙古族民歌中，思念父母、感恩父母的歌曲占据了相当大的比例。《母爱苍生》这首歌就是以歌颂母爱为主题的曲目，深受广大听众的喜爱。

　　"巍巍贺兰山云雾迷蒙，迢迢道路通向幸福。胡杨林里有我长调牧歌，居延海滋润生命的岁月。"请到美丽的阿拉善来吧，这里的土地苍天般辽阔，这里的人民苍天般仁慈，这里的历史苍天般厚重，这里的文化苍天般灿烂。

　　热情好客的阿拉善人已向您发出了真诚的邀请。

遥远的海市蜃楼

驼队就像移动的山

神秘的梦幻在天边

阿爸的身影若隐若现

神秘的梦幻在天边

阿爸的身影若隐若现

哎我的阿拉善

苍天般的阿拉善

浩瀚的金色沙漠

驼铃让我回到童年

耳边又响起摇篮曲

阿妈的声音忽近忽远

耳边又响起摇篮曲

阿妈的声音忽近忽远

哎我的阿拉善

苍天般的阿拉善

沙海绿洲清泉

天鹅留恋金色圣殿

苍茫大地是家园

心中的思念直到永远

苍茫大地是家园

心中的思念直到永远

哎我的阿拉善

苍茫大地阿拉善

哎我的阿拉善

苍茫大地阿拉善

——歌曲《苍天般的阿拉善》

　　走进美丽辽阔的阿拉善，让我们一起聆听大地母亲深深的祝福。满怀激情的阿拉善各族儿女正捧着吉祥的哈达，端着醇香的奶酒，伴着悠扬的马头琴声和长调牧歌，从绵绵的青山脚下到金色的大漠深处，从苍茫的居延大地到高耸的航天之城，把最真诚的祝福献给来自四面八方的宾朋。

醇香的锅茶

乡音萦回游子心

浓郁飘香的奶茶

夜色悄悄地降落在草原

炉火映红了阿妈的脸庞

沸腾的奶茶荡漾着浓浓的醇香

牧归的羊群已进入梦乡

故乡的奶茶醇香的奶茶

你讲述着草原古老的故事

故乡的奶茶故乡的奶茶

是我心中永远永远的牵挂

……

《故乡的奶茶》"香飘"神州,温情漫流中华大地,温暖着每一个漂泊的游子的心。

这首由我区著名词作家乔明先生作词、作曲家乌兰托嘎先生谱曲、著名歌手孟根演唱的歌曲，获得了2012年第十二届精神文明建设"五个一工程"优秀作品奖。

《故乡的奶茶》是阿妈的祝福。

阿妈多情善良、不求回报，心里充满着朴实的大爱。阿妈端着热乎乎的奶茶送来深深的祝福，远归的游子热泪盈眶。在外漂泊的游子们听到这首歌时，都会潜然泪下，正所谓"故乡的奶茶，是我心中永远永远的牵挂"。

语言是声乐艺术表现的核心，也是歌唱的基础，从歌词的创作到谱曲，直至歌唱表演，始终都离不开对语言的感受与表现。乔明先生生活在内蒙古，扎根在大草原，通晓蒙古族的音乐艺术，他用生动的语言寄情，绘声绘色地为我们铺开一条宽广而幽静的通往故乡的路。

冬日，北方的草原寒气逼人，但滚烫的奶茶可以驱寒。蒙古奶茶风味独特，奶香浓郁，是一种良饮。在热乎乎的奶茶里添上一勺酥油，酥油立即化作一滴滴晶莹的油珠，然后再放上牛肉干、奶豆腐、奶皮子、油炸果子，待它们被泡得微微发胀时，奶茶会变得更加香甜，一直甜到人心里。与蒙古奶茶邂逅，就是与蒙古族文化相逢。

> 月光悄悄地染亮的牧场
>
> 阿妈的歌声温暖我心房
>
> 沸腾的奶茶送来深深的祝福
>
> 远归的游子已热泪盈眶
>
> 故乡的奶茶醇香的奶茶

蒙古族新娘

清晨的问候

　　　　　你带着牧人美好的向往

　　　　　故乡的奶茶故乡的奶茶

　　　　　是我心中永远永远的牵挂

　　　　　……

　　"月光悄悄地染亮的牧场，阿妈的歌声温暖我心房。"

　　让阿妈的祝福和温情沁入我们的心田，走进那遥远辽阔、弥

漫着诗意的心灵牧场。

作曲家乌兰托嘎先生是一位朴实的音乐大师，他说："我的音乐不是写出来的，而是从心里流淌出来的。"很多人也许并不熟悉他的名字，但一定会哼唱他的作品。他创作的《父亲的草原母亲的河》《天边》《呼伦贝尔大草原》《往日时光》等，首首都是"出圈"的经典之作。《父亲的草原母亲的河》表达了游子对故乡最深沉的爱，听来让人泪流满面；《天边》那唯美悠扬的曲调极富浪漫主义色彩，令人不禁燃起向往之情；《呼伦贝尔大草原》旋律壮美悠长，营造了辽阔深远的恢宏意境；《往日时光》透着淡淡的惆怅，勾起人们往昔的记忆；而《故乡的奶茶》那从乌兰托嘎先生心里流淌出来的旋律，是他对故乡深深的眷恋和祝福。

歌手孟根是一位从"苍天般的阿拉善"走出来的蒙古族女子。她的音色纯净、音域宽广，以饱含激情和极具艺术感染力的演唱风格赢得了广大听众的喜爱，是蒙古族乐坛升起的一颗新星。她对《故乡的奶茶》生动而深情的演绎，触动了无数游子的心。

无论你在哪里，只要喝上一碗蒙古奶茶，就有了回到故乡的感觉。

草原暮歌

后 记

2019 年 9 月 18 日，习近平总书记在黄河流域生态保护和高质量发展座谈会上强调："黄河文化是中华文明的重要组成部分，是中华民族的根和魂。要推进黄河文化遗产的系统保护，深入挖掘黄河文化蕴含的时代价值，讲好'黄河故事'，延续历史文脉，坚定文化自信，为实现中华民族伟大复兴的中国梦凝聚精神力量。"

习近平总书记的这一重要论断深刻阐明了黄河文化的丰富内涵，将黄河文化提升到民族复兴、文化自信的新高度，为我们保护、传承、弘扬黄河文化提供了重要遵循。

"'黄河几字弯'的韵味"丛书的出版，将对深入挖掘黄河文化蕴含的时代价值，传承黄河文化，弘扬黄河精神，讲好"黄河故事"发挥积极作用。

本套丛书的出版得到了内蒙古自治区党委宣传部、内蒙古出版集团的大力支持，在此表示感谢。

由于作者水平有限，错讹与不足之处在所难免，敬请读者批评指正。

作者

2024 年 5 月